知的障害と発達障害の子どもたち

本田秀夫

JN036635

SB新書
648

はじめに
知的障害の支援は「早く」そして「ゆっくり」

私は講演会や研修会で発達障害の話をすることがよくあります。それは「発達障害について話してほしい」という依頼が多いからです。

このSB新書のシリーズでも「発達障害のことを書いてほしい」という依頼を受け、これまでに発達障害関連の本を4冊上梓しました。

一方で、「知的障害について話してほしい」「書いてほしい」という依頼をいただくこともあります。私は発達障害だけを専門としているわけではありません。これまでに横浜市や山梨県、長野県などの地域で、知的障害の方も大勢みてきました。

なかでも1990年代から2000年代前半にかけて、横浜市港北区で主に仕事をしていた頃には、知的障害のお子さんの初診を毎年数十名、担当していました。当時は横浜市港北区で知的障害の特別支援学級に通っているお子さんの大半を、私が外来でフォローしていたこともあります。

知的障害に関する依頼を受けたときには、その頃からの長い経験をお伝えしています。知的障害は発達障害と関連するものなので、当然、発達障害のことも説明します。

この本でも**「知的障害とは何か」「知的障害と発達障害にはどんな関連があるのか」「知的障害の子をどうやって育てていけばいいか」**を解説していきます。主には知的障害の話（なかでも気づかれにくい**軽度知的障害や境界知能を中心に**）をしますが、発達障害とも関連する内容です。知的障害や発達障害のことを知りたい方は、ぜひご一読ください。

私はいま長野県の信州大学に勤めていますが、横浜でも週に1回程度、定期的に診療しています。私が受け持っている方のなかには、知的障害がある方もいらっしゃいます。横浜で診療している人たちは、幼児期からみていてすでに成人した方が大半です。私は診療を通じて、知的障害がある方が幼児から大人へと成長していく姿、大人になって安定して過ごしている姿をみてきました。私が担当している方の多くは、落ち着いて暮らしています。特に医療の手助けを必要とせず、私と会うのは数年に一度、障害年金や障害者手帳などの更新のために診断書をもらうときだけという方もいます。

その方々の生活が安定しているのはなぜなのか。

それには早期発見・早期支援がポイントで、**知的障害に早く気づいて、早く支援を受けることが重要**です。そして**支援のキーワードは「ゆっくり」**です。正反対なことを言っているようですが、**知的障害の支援では「早く」と「ゆっくり」がどちらも重要**なのです。何が早くて、何がゆっくりなのか。くわしくは、このあと順を追ってお伝えしていきます。


講演会や研修会で「知的障害のキーワードはゆっくり」という話をすると、出席した方々から「参考になった」と言っていただくことがよくあります。そこで今回、知的障害と発達障害の話を一冊にまとめることにしました。

知的障害のお子さんを育てている親御さんや、園・学校の先生方、医療・福祉・教育関係の方など、知的障害の子に関わる多くの方々に、お読みいただければと思います。**お子さんが日々成長していくなかで、まわりの大人は何をすればいいのか。知的障害の子育てとはどのようなものなのか。**この本が、そのことを考えるきっかけになれば幸いです。

第2章 知的障害・発達障害の基本を知る

第3章 知的障害は「ゆっくり」

第4章 「ゆっくり」にみえない子どもたち

第5章 「ゆっくり」な子どもの育て方

第6章 「ゆっくり」な子どもの進路選択

【「何がゆっくりなのか？」問題編】

この本では、知的障害の支援において「早く」と「ゆっくり」がどちらも重要だということを解説していきます。「はじめに」で述べたように「早く」は早期支援のことですが、もう一つの「ゆっくり」は、一体何がゆっくりなのでしょう？　みなさんはおわかりになりますか。

これから始まる一冊を通して「ゆっくり」の意味をお伝えしていきますが、ただ読むだけでは、その意味を実感しにくいかもしれません。そこで**みなさんには「知的障害の何がゆっくりなのか？」を考えながら、この本を読んでいただきたい**と思います。

この本は大きく2つのパートに分かれています。

・**前半（第1章〜第2章）**

知的障害と発達障害の基本をお伝えします。第1章は事例、第2章は基礎知識です。

・後半（第3章〜第6章）

前半パートの基礎知識をふまえて、「ゆっくり」の意味を解説していきます。「ゆっくりとは何か」「ゆっくりな子をどう育てていくか」をお伝えします。

「何がゆっくりなのか」の答えは後半で解説していくわけですが、実はその前の第1章と第2章にも、ゆっくりを理解するためのヒントが含まれています。

よろしければ、**前半を読んでいて「ゆっくりって、こういうことか！」と感じるところがあったら、該当箇所に線を引いたり、メモを取ったりして**みてください。

そのような形で「ゆっくりとは」を考えながら、答えを探しながら読んでいくと、後半の解説部分に入っていったときに、理解の深さが変わると思います。

言ってみれば、本書の前半は「問題編」、後半は「解答編」です。「知的障害の何がゆっくりなのか？」という問いを解き明かすつもりで読んでいただけると、この本の内容により一層深く入り込めるのではないかと思います。

第1章

どうして「早く」支援するのか？

【発達障害・知的障害の子の将来を考える】

■安定して過ごしていくために必要なもの

みなさんは知的障害の子や発達障害の子をみていて、その子の将来が心配になったことはありませんか?

「いまは大人がいろいろと手伝ってあげられるけれど、いつかは一人で生きていかなければならない。そのとき、この子はうまくやっていけるだろうか」
「この子は小学校や中学校、高校で、しっかりと学ぶことができるだろうか」
「大人になったら社会に出てなんらかの仕事に就き、自立した生活をしていけるのだろうか」

そのように考えて、心配になったことはないでしょうか。いま取り組んでいる子育てや生活の工夫、教育などのやり方について、「これで本当にいいんだろうか……」「このままで大丈夫なのか……」と、不安や焦りを感じたことはありませんか。

私は日頃、そのような不安について親御さんたちからよく相談されます。「この子のために、いまのうちにやっておけることはないでしょうか」と聞かれます。

この本では、そのような悩みにお答えしていきます。**知的障害や発達障害の子が、その子らしい暮らし方で、安定して過ごしていくためには何が必要なのか。**私たち大人には何ができるのか。それをお伝えしていきます。

■最も重要なのは早期発見・早期支援

最初に結論を言ってしまいます。知的障害や発達障害の子の将来を考えたとき、最も重要なのは「**早期発見・早期支援**」です。「早く」支援するということです。

どうして早く支援するのか。それは一言で言えば、**早期支援によって知的障害や発達障害の特徴が早く理解できるから**です。まわりの人たちが医師や支援者とさまざまなやりとりをすることによって、知的障害や発達障害への理解を深めていけます。特徴がわかれば、それに合わせて対応していくこともできます。

それの何がいいのかというと、**まわりの人が子どもの特徴を理解し、対応できるようになると、その子は幼児期から安心して過ごせるようになります。**周囲の人がその子に合ったコミュニケーションを行い、その子に合った生活環境を整えることによって、子どもの心配ごとが減っていくのです。**毎日、安心して過ごせること。これは子どもの成長にとって、何よりも大切なこと**です。

■早期支援によって、将来が変わる

私はこれまで30年以上、知的障害や発達障害のお子さんの診療を行ってきました。私がみてきたお子さんのなかには、安定して過ごしている方もいれば、生活がなかなか落ち着かない方もいます。その方たちにはさまざまな違いがありますが、なかでも大きな違いとなっているのが、**「早期発見・早期支援を受けたかどうか」「それによって幼児期から安心して過ごせたかどうか」**です。

多くのお子さんたちを長年にわたってフォローアップしてきましたが、早期支援を受けた方の多くは幼児期も、それ以降も、落ち着いた暮らしをしています。早くから支援を受けることが、その子の将来の安定につながっていると言っていいと思います。

とはいえ、こうしてただ「早期支援が重要」と語っていても具体的なイメージがみえてこないと思いますので、最初にいくつかの事例を紹介しましょう。

支援を受け始めるタイミングや支援の内容によって、子どもたちの生活や将来がどのように変わるのか。事例を読みながら、支援の重要性を考えてみてください。

【事例で知る　子どもたちの育ち方】

■早期支援を受けるのは何歳頃から？

この項では早期支援を受けたお子さんの事例をいくつか紹介していきますが、その前にみなさんにお聞きしたいことがあります。**みなさんは「早期支援」と聞いて、何歳頃からの支援をイメージしますか？**

もちろん、支援の適切なタイミングはお子さんによって違います。「支援は何歳で始めるのが正解」という答えが存在するわけではありません。ここでは一つの目安として考えてみてください。子育てをしていくなかで、知的障害や発達障害の可能性を考え、支援を受け始める時期をイメージしてみましょう。

早期支援を受けるのは「　　」歳頃から

みなさんのイメージは何歳頃でしょうか。このあと事例を紹介していきますが、みなさんが思い浮かべたイメージと事例がだいたい一致しているか、それともイメージよりも早いか遅いか、そんなことも確認しながら、事例を読み進めてみてください。

そして事例を読んで気づいたことを、今後、支援を受けるかどうかを検討する際に、参考にしていただければ幸いです。それでは、事例を紹介していきましょう。

事例1　3歳の健診で「発達が気になる」と言われたお子さん

最初の事例は、発達障害のお子さんのエピソードです。

この子は**3歳で乳幼児健診を受けたときに、得意・不得意の差が大きくて発達がアンバランスだということで、発達障害の可能性**を指摘されました。親御さんは医師から「発達が気になる」という説明を受け、それ以降、地域の子育て相談を利用するようになりました。幼児期から「早期支援」を受け始めた形です。

このお子さんは、絵本を読むことなどには年齢以上の力を発揮する一方で、基本的な生活習慣が身につきにくく、苦手な部分では年齢相応の発達がみられないこともありました。家庭でも幼稚園でも、例えば着替えなどがうまくできず、かんしゃくを起こしてしまうことがありました。生活のなかに困りごとがいくつもあるような状態でした。

親御さんはお子さんを連れて地域の「児童発達支援センター」に通い、子育てへのさまざまなサポートや助言を受けるようにしました。並行して、親子で医療機関を受診。そこで「自閉スペクトラム症」という診断を受けました。

その後、多くの人に相談しながら、困りごとを少しずつ解消し、就学のタイミングで発達の様子をあらためて確認することになりました。その時点の診断としては「自閉スペクトラム症はあるが、知的障害はない」ということでした。

親御さんは「障害」とはっきり言われたことに当初はショックを受けましたが、診断をゆっくり受け止めながら、医療機関や療育機関への相談を継続し、お子さんをサポートしていきました。

お子さんは、小・中学校では特別支援学級（自閉症・情緒障害学級）に通って、少人数学級で個別支援を受けながら学びました。高校進学の際には親子で相談。お子さん本人の希望で、公立の工業高校に進みました。卒業後は就労移行支援事業所に通い、一般企業に障害者雇用という形で就職して、現在もその会社で働いています。

3歳の健診で発達障害の可能性を指摘された子

絵本を読んでいるときは集中して大人びているが、着替えのときにはイライラ

事例2 3歳よりももっと前に、支援を受け始めたお子さん

3歳よりももっと前に、発達の特徴がわかる場合もあります。2つめの事例は、より早期に発見・支援につながったエピソードです。

このお子さんは1歳半で乳幼児健診を受けたとき、複数の発達課題で戸惑ってしまいました。運動面の発達、つまりハイハイなどの体の動きに発達の遅れはなかったのですが、言葉や指さしなどさまざまなことの理解に遅れがみられたのです。呼びかけても返事をしないので、難聴の可能性なども考えられました。「発達が気になる」ということで、地域の医療機関でフォローアップを受けることになりました。親御さんは当初、「この子はちゃんと成長できていないのだろうか」と心配になったそうです。健診の項目でつまずいて指摘を受けたら、そう感じるのも当然です。しかし健診を受けて以来、医療機関でいろいろと相談することができたため、「ものごとの理解に遅れがある」というのがどういうことなのかを、少しずつ理解していけたと言います。

その後、医療機関に通っていくなかで、**2歳のときに中等度の知的障害**があることがわかりました。**知的障害と自閉スペクトラム症があるという診断**でした。そしてすぐに児童発達支援を利用するようになり、医療機関と療育機関で支援を受け始めました。

１歳半健診で「発達が気になる」とフォローアップを受けた

保健師から「ワンワンはどれ？」とたずねられても反応しないお子さん

このお子さんは小学校では特別支援学級に通って、個別に支援を受けながら学びました。中学からは特別支援学校へ。さまざまな自立活動を経験して成長し、現在は特別支援学校の高等部に通っています。

事例3 子育て相談をきっかけに、1歳で支援につながったお子さん

親御さんがお子さんの発達の遅れに気づいて、子育て相談窓口などを利用し、それをきっかけとして知的障害や発達障害がわかることもあります。

このお子さんの場合、0歳から1歳頃に生活のなかで「なかなか首がすわらない」「ハイハイをしない」「言葉が出ない」といった様子がみられました。上のお子さんに比べて発達が全体的に遅いということで、親御さんは地域の子育て相談窓口に行って話をしてみました。

相談窓口では詳細はわからず、小児科を紹介されました。そして親子で受診し、何度かの診察を経て、中等度の知的障害があることがわかりました。「**知的障害があり、発達障害はない**」という診断でした。

親御さんは診断を受けて、児童発達支援の利用を開始。1歳過ぎの段階から医療機関や

療育機関のサポートを得て、お子さんに合った対応を実践していきました。その後も「言葉がなかなか増えない」といった悩みがあったそうですが、上のお子さんやまわりの子どもと比べると焦ってしまうため、比較することをなるべく避けてきたと言います。本人のペースで成長していけるように、見守る姿勢を意識したということでした。

親御さんの理解もあって、このお子さんは自分のペースでゆっくり成長できています。いまは小学生になり、特別支援学校に通っています。

事例4 小学校中学年で、勉強についていけなくなったお子さん

事例1～3は、知的障害や発達障害に比較的早く気づくことができた例でした。それに対して、親御さんや周囲の人がなかなか気づくことができない場合もあります。

事例4のお子さんは、1歳半や3歳のときの乳幼児健診で発達の遅れを指摘されることはありませんでした。保育園ではちょっと難しい工作をするときなどに、先生の話をうまく理解できず、作業が遅れてしまうことがありましたが、そんなときは他の先生のサポートを受けたりして、あとで追いついていました。多少指示が通りづらかったり、ぼんやりしていたりする場面はありましたが、おおむね他の子どもたちと一緒に楽しく過ごしてい

ました。

就学時健診でも特に何も言われず、小学校は通常学級へ。1年生・2年生と順調に上がっていきました。ただ、園のときと同じで、先生の指示を理解するのは苦手でした。集団活動で微妙に取り残されてしまうことがありました。小学校では先生がクラス全体に一斉指示をすることが多く、保育園時代のように他の先生がサポートしてくれることは少ないため、困ってしまう場面が徐々に増えていきました。

親御さんや学校の先生方は「もう少しがんばろう」「やればできるんだから」「みんなに追いつけるよ」とお子さんを励まし、勉強や活動の遅れを宿題や補習、学習塾、習い事などでフォローしていましたが、それでもうまくいきませんでした。状況はなかなか改善せず、小学4年生のときに本人が学校に通うのがつらくなってしまい、不登校の状態に。

その後は地域の教育相談や医療機関などにつながり、支援を受け始めました。そして何度か通院したところで、**軽度の知的障害**があることがわかり、診断を受けました。発達障害の傾向もみられるということで、後日、よりくわしい検査を受けることも検討中です。

今後は特別支援教育を受けることも考えていますが、お子さんはまだ学校に行く気にはなれないということで、様子をみている状況です。

親に励まされてがんばって学習をしていたが……

その後、不登校になってから軽度知的障害と判明

事例5 就学前に、軽度の知的障害がわかったお子さん

知的障害・発達障害があるかどうかが明確にわからなくても、早期支援を受け始めるお子さんもいます。

このお子さんは、幼稚園で集団活動についていけない場面がありました。本人が落ち込んでしまう様子も見受けられたため、親御さんと園の先生で、たびたび相談していました。

親御さんは「何かできることがあれば」と思い、地域の子育て相談窓口に話をしてみました。その後、医療機関の紹介を受け、親子で受診したところ、経過をみていくことになりました。

医師から児童発達支援の利用をすすめられたため、支援も受けることに。それから小学校に入るまでの間、医療機関や療育機関に定期的に通いました。そして就学前に医療機関で知能検査や発達検査などを受けた結果、軽度の知的障害という診断が出ました。発達障害の診断は出ませんでしたが、医師から「ADHD（注意欠如多動症）の特性がみられる」という話がありました。

診断を受けて親子で相談し、**小学校では特別支援教育を受けることに**しました。現在は

特別支援学級に在籍しています。**少人数クラスで落ち着いて学べるため、本人が落ち込んでしまうことは以前よりも減っている**と言います。

事例6 小学校時代に支援を受けられなかったお子さん

軽度の知的障害がある場合には、事例4や5のように小学校の段階で気づくこともありますが、それよりも少しＩＱが高い状態、いわゆる「**境界知能**」（第2章の71ページで後述）**のお子さんは、本人が困難を感じていても周囲になかなか気づかれない**ことがあります。

6つめのエピソードは、境界知能のお子さんの例です。

このお子さんは乳幼児健診や就学時健診で特に何も指摘されず、園や学校にも、問題なく通っていました。幼稚園時代から友達が多い子で、学校でも集団生活を楽しんでいました。ただ、勉強は苦手でした。国語や算数、理科、社会など、どの教科も全体的によくわからないということで、勉強面ではずっと苦労していました。

友達関係は良好で、給食や委員会活動、クラブ活動などもしっかりできているということで、学校生活をトータルでみると順調でした。勉強だけがどうしてもうまくいかないという状況でした。ときおり補習を受けていましたが、成績はあまり変わらず、本人も自分

勉強はできないけど友達関係が楽しいからＯＫ

「ゆっくり」には見えなかった境界知能のお子さん

で「勉強は向いていない」と言って、教科学習については、なかばあきらめていたそうです。

その後、高校を卒業して就職したのですが、その職場に馴染めませんでした。転職して別の仕事もしてみたものの、いろいろと苦労が重なって、心身の調子を崩してしまいました。そして医療機関にかかったとき、境界知能の状態であることがわかりました。その後は就労支援機関を利用して、サポートを受けながら次の仕事を探しています。

【知的障害・発達障害の早期支援とは】

■早期支援は乳幼児期からの支援

6つの事例を紹介しました。これらは、みなさんが「早期支援」としてイメージした様子に近かったでしょうか。

ここで紹介したのはあくまでも一部の事例ですが、私はこのような例をたくさんみてきました。

中等度以上の知的障害がある場合には、事例2や3のように1歳から2歳頃には支援を受け始めるのが一般的です。知的障害が軽度の場合にも、多くは2歳頃から支援が開始されます。事例5のような形で幼児期から支援を受け、就学の段階では特別支援教育を受けることを検討する場合もあります。事例1は知的障害がなくて、発達障害がある例でしたが、この場合も幼児期から支援を受けています。

私はこれらの事例にある通り、知的障害や発達障害の早期支援を、乳幼児期からの支援として考えています。**年齢で言えば「1歳から5歳くらい」に該当**します。

■支援を受けると、子どもの苦労が減る

なぜ乳幼児期からの支援を重視するのか。それは支援が遅れると、子どもが苦労する可能性が高いからです。事例4や6では、お子さんが小学校で十分な支援を受けられず、勉強や集団活動などで困りごとに直面する様子をお伝えしました。支援のタイミングが遅くなると、このような状況に陥ってしまうことがあります。

支援が不足することによって、子どもが「集団活動で微妙に取り残される」「勉強面で苦労する」「補習を受けてもうまくできない」といった場面を多く経験し、無力感を持ってしまうことがあるのです。

そのような出来事が続けば、当然、子どものモチベーションは低下します。「園や学校に行きたい」「みんなと一緒に何かをしたい」といった意欲を持てなくなっていきます。社会参加が難しくなってしまうのです。その状態になってから子どもをサポートするのは、簡単ではありません。

「**やってみて、うまくいかなかったら支援を検討しよう**」と言う人がよくいますが、子ど

もに無駄な苦労をさせ、失敗体験をさせて、無力感を抱かせてからサポートを始めるのでは、はっきり言って遅いです。**最初からサポートにより苦労を減らし、子どもがその子らしいやり方で社会参加していけるようにしたほうが成長に**つながります。

■「早く」気づいて支援を受けることで、安心できる

私はこの本の冒頭で、**知的障害の支援では「早く」と「ゆっくり」がどちらも重要**だと書きました。この章でお伝えしたように、乳幼児期から支援を受け始めれば、まわりの人が子どもの特徴を理解できて、生活が安定しやすくなります。子ども本人も安心できますし、その様子をみて、親の不安もやわらぎます。**周囲の人が「早く」気づいて支援を受け始めることで、親子ともに安心して過ごせるようになる**のです。

これが知的障害の支援、一つめのポイントです。「早く」気づいて支援を受ける。毎日を安心して過ごす。知的障害だけではなく、発達障害の支援にも同じことが言えます。もう一つのポイント「ゆっくり」については、のちほどくわしくお伝えします。

第2章

知的障害・発達障害の基本を知る

【支援の話の前に、まずは「基本」から】

■「ゆっくり」を考えるヒント

知的障害の支援のキーワードは「早く」と「ゆっくり」。「早く」は第1章でお伝えした通り、早期に気づいて支援を始めることです。次は2つめのキーワード「ゆっくり」を説明していきたいのですが、その前に、知的障害と発達障害の基本を解説します。

なぜ先に知的障害と発達障害の基本を解説するかというと、それによって、**知的障害の何が「ゆっくり」なのかが理解しやすくなる**からです。

この章では、

・知的障害と発達障害の関係
・発達障害の定義
・知的障害の定義
・対応の基本

などをお伝えしていきます。医学的な診断基準や法制度など、専門的な話が多くなりますが、それらの情報のなかに「ゆっくり」を考えるヒントが含まれています。「知的障害は何がゆっくりなのか？」を考えながら、その答えやヒントを探しながら、読んでいただければと思います。

■知的障害・発達障害の基本を知っておこう

第1章の事例に、「知的障害」「発達障害」「境界知能」などの用語が登場しました。また、知的障害の「軽度」「重度」といった区分も話に出ていました。

事例紹介では「早期支援の流れ」を中心にお伝えしたため、用語についてはくわしく解説しませんでした。みなさんは事例を読み進めるなかで、**「知的障害と発達障害が両方ある子もいる？」「知的障害と境界知能はどう違う？」**などの疑問を感じたかもしれません。この章では知的障害や発達障害の基本を解説しながら、それらの疑問にお答えしていきます。

知的障害や発達障害、境界知能とはどのようなものなのか。それぞれ、どのような支援を受けることができるのか。基本を知っておけば、子どもの進学先を検討したり、就労のことを考えたりするときにも、判断しやすくなります。

■知的障害と発達障害が両方ある子もいる？

第1章の事例2のお子さんは、知的障害と発達障害の両方があるという診断を受けていました。事例4と5のお子さんも知的障害があり、発達障害の可能性も考えられるという状況でした。事例のように知的障害と発達障害がどちらも認められることは、実はよくあることです。**知的障害と発達障害は、しばしば併存する**ものなのです。（46ページの「知的障害と発達障害の関連」図参照）

知的障害がある人のグループでは、一般の人口に比べて、自閉スペクトラム症の特性を持つ人の割合が多いと考えられています。私のこれまでの臨床経験から言っても、知的障害がある子、特に中等度以上の知的障害がある子どもには、自閉スペクトラム症の併存がみられることが多いです。なぜ併存が多いのか、その理由はわかっていませんが、知的障害と発達障害は関連するものだと考えられます。

■知的障害と発達障害には同時に対応する

私たち医師は、子どもに困りごとがあり、その背景に知的障害があることがわかったときには、発達障害がある可能性も考慮し、必要に応じて発達障害への支援も行います。先に発達障害がわかったときも同様に、知的障害の可能性を考えます。その際、知的障害と発達障害のどちらかを優先して支援することはありません。どちらにも同時に対応していきます。

これは視力への対応をイメージしてもらうと、わかりやすいと思います。子どもが「黒板の字が見えにくい」と訴えたときに、乱視と近視のどちらもあるとわかった場合には、その両方に対応します。そこで「まずは乱視を補うメガネをつくろう」「近視については様子をみながら対応しよう」とは考えません。なぜなら、乱視と近視はどちらも見えにくさに関連しているからです。総合的に対応しなければ、見えにくさは解消しないでしょう。

それと同じで、知的障害と発達障害も関連しています。どちらも困りごとに関わっている可能性があるので、優先順位をつけたりせず、どちらにも対応していきます。そうしなければ、子どもの困りごとを解消するのは難しいからです。

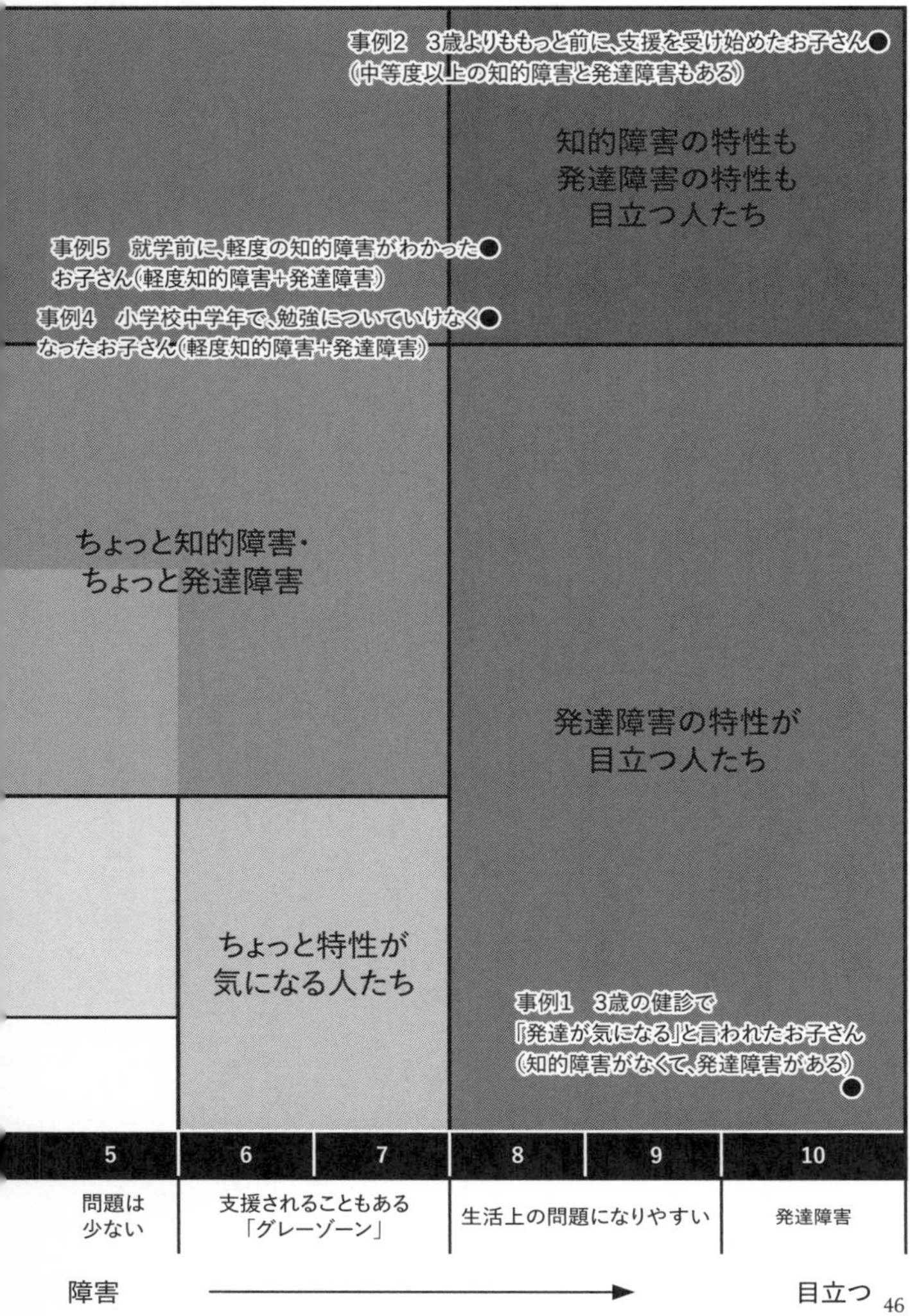
事例2　3歳よりももっと前に、支援を受け始めたお子さん
(中等度以上の知的障害と発達障害もある)
知的障害の特性も
発達障害の特性も
目立つ人たち
事例5　就学前に、軽度の知的障害がわかった
お子さん(軽度知的障害+発達障害)
事例4　小学校中学年で、勉強についていけなく
なったお子さん(軽度知的障害+発達障害)
ちょっと知的障害・
ちょっと発達障害
発達障害の特性が
目立つ人たち
ちょっと特性が
気になる人たち
事例1　3歳の健診で
「発達が気になる」と言われたお子さん
(知的障害がなくて、発達障害がある)
5
6
7
8
9
10
問題は
少ない
支援されることもある
「グレーゾーン」
生活上の問題になりやすい
発達障害
障害
目立つ

知的障害と発達障害の関連

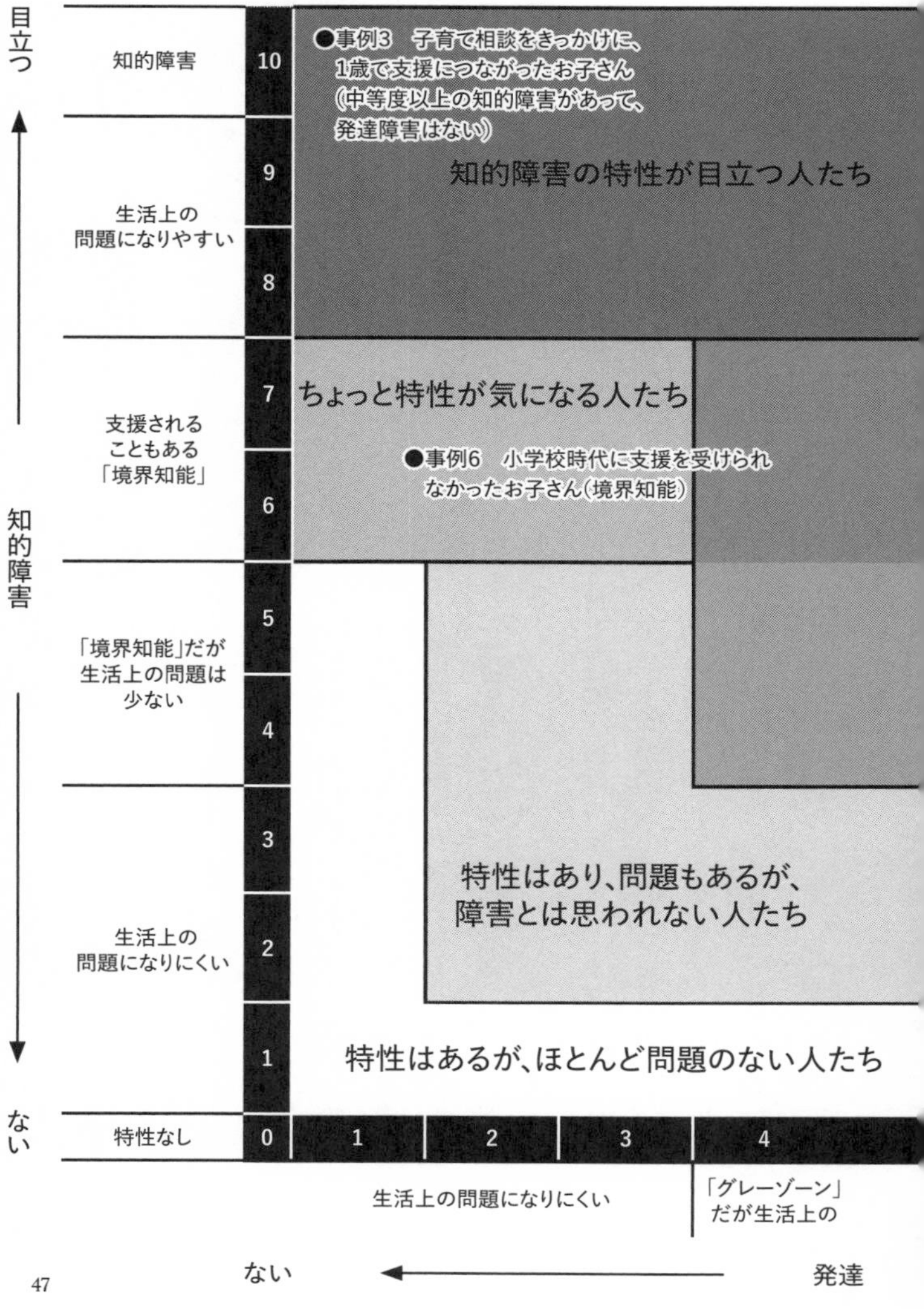

【知的障害と発達障害の関係】

■知的障害と発達障害の関係（医学の視点）

精神医学の領域では病気や障害の定義として、世界保健機関（ＷＨＯ）作成の「疾病及び関連保健問題の国際疾病分類（International Statistical Classification of Diseases and Related Health Problems：ＩＣＤ）」や、アメリカ精神医学会が刊行している「精神疾患の診断・統計マニュアル（Diagnostic and Statistical Manual of Mental Disorders：ＤＳＭ）」の内容を参照することが多いです。

このＩＣＤとＤＳＭの最新版では、知的障害と発達障害は一つのグループにまとめられています。最新の定義を簡単に図式化すると、左ページの図のような形になります。

医学的には、障害は「身体障害」と「精神障害」の2つに大きく分けることができます。そして精神障害のなかに「神経発達症」があり、そのうちの一部が「知的発達症」ということになります。

医学概念としての神経発達症の位置づけ

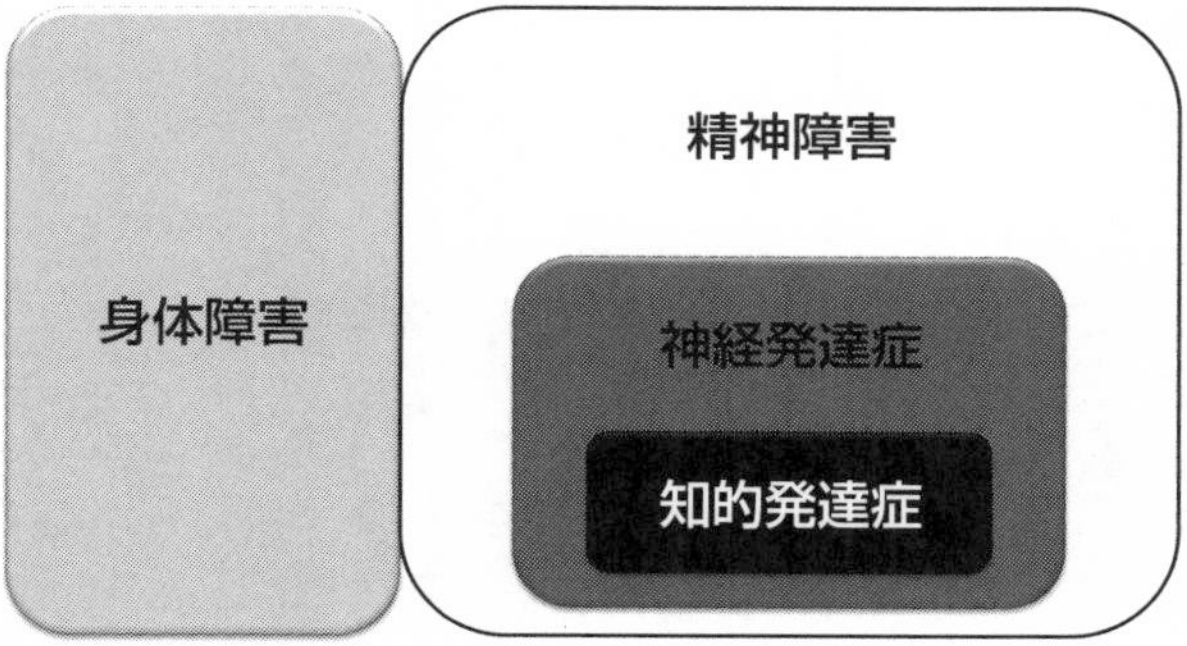

ここでいう「神経発達症」は、「発達障害」と「知的障害」を合わせたものです。そして「知的発達症」が、いわゆる「知的障害」に該当します。つまり**医学的には、知的障害は神経発達症の一部であり、知的障害以外の神経発達症を日本では「発達障害」と言っている**わけです（神経発達症と発達障害の関係については56ページ以降でくわしく解説しています）。

■知的障害と発達障害の関係（法制度の視点）

上の図を見て、違和感を持った人もいるかもしれません。

日本では知的障害と発達障害で、取得できる障害者手帳が異なります。発達障害の認定を受けた場合には、「精神障害者保健福祉手帳」が交付されます。知的障害の場合は「療育手帳」です。医学的には同じグループにまとめられているのに、どうして福祉的な制度においては、別々のものとされているのでしょう。

なぜかというと、日本の法制度がそのような形で整備されてきたからです。左ページの図をご覧ください。わが国の法制度における、各障害の関係を整理した図です。

日本では、障害関連の法律としては「**身体障害者福祉法**」が最も古いものになります。その次が精神障害に関する「精神衛生法」です。この法律はその後、「精神保健法」となり、現在は「**精神保健福祉法**」と改称されています。

最後に、知的障害に関する「精神薄弱者福祉法」ができました。かつて知的障害を「精神薄弱」と呼んでいたことがあり、当初はこのような名称の法律でしたが、現在は改称されて「**知的障害者福祉法**」となっています。

わが国にはこのような法制度があり、古くから「三障害」といった位置付けがされてきました。ここに2004（平成16）年、「**発達障害者支援法**」ができました。発達障害への支援も重要だということで新たに法律が定められたのですが、これは**精神障害の法律のなかに、発達障害に特化した追記部分を用意したような形**になっています。

わが国の法制度における他の障害との関係

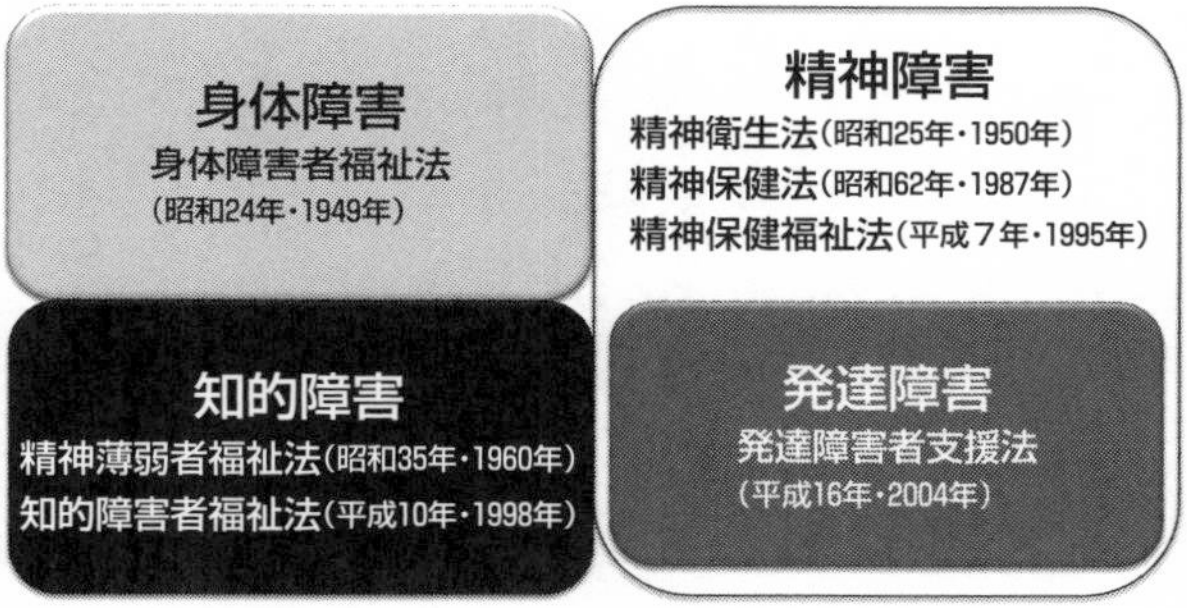

日本では、このような形で法制度が整備されてきました。その結果として、

・身体障害
・精神障害
・知的障害

それぞれに別の手帳が交付されています。発達障害は、法制度としては精神障害に含まれるため、知的障害とは別の手帳が交付されているのです。

■知的障害と発達障害の関係 ——これからの視点

このように「医学」と「法制度」という2つの視点を知っておくと、知的障害と発達障害の関係を理解しやすくなります。

医学的には、知的障害と発達障害は同じグループに属する仲間とみなされ、同時に理解・対応していったほうがいいものだと考えられます。一方、**日本の法制度上では、知的障害と発達障害への支援はそれぞれ別々に定められていて、取得できる障害者手帳が異なります。**法制度だけをみていると、知的障害と発達障害はまったく別のもののように感じるかもしれません。しかし実際には関連することが多いものなのです。

精神医学で用いられる**ＩＣＤ**と**ＤＳＭ**の２つの診断分類の最新版では、知的障害と発達障害が「神経発達症」という同じグループにまとめられたので、今後はそのような形で各種制度が整理・統合されていくこともあるかもしれません。医学的な定義や法制度、福祉の仕組みは随時更新されています。今後も、知的障害や発達障害に関する情報について定期的に確認しておく必要があります。

【発達障害の基本】

ここまでは、知的障害と発達障害には関連があるということをお伝えしてきました。ここからは知的障害と発達障害、それぞれの特性を解説していきます。2つの障害には関連がありますが、それぞれに異なる特性もあります。関連性と固有性を理解することによって、知的障害と発達障害の全体像がみえてきます。

■そもそも「発達障害」とは？

発達障害には「自閉スペクトラム症」「注意欠如多動症」「学習障害」などの種類があります。それらをまとめて「発達障害」といいます。さまざまな状態が「発達障害」という一群としてまとめられている形です。それぞれの状態の特性を大まかにまとめると、次のようになります。

・自閉スペクトラム症（ASD）

主な特性は「臨機応変な対人関係が苦手」なことと「こだわりが強い」ことです。具体的には場の空気が読めない、独特の言葉づかいをする、人に対して一方的な関わり方をする、興味の範囲が狭い、手順やルールにこだわる、といった行動がみられます。

・注意欠如多動症（ADHD）

主な特性は「不注意」と「多動性・衝動性」です。具体的にはうっかりミスが多い、よく忘れ物をする、気が散りやすい、じっと座っていられない、思いつきでしゃべる、といった行動がみられます。

・学習障害（LD）

主な特性は「読み・書き・計算が苦手」ということです。そのうちの一つが苦手な場合もあれば、複数が苦手な場合もあります。

学習障害は、ICDの最新版では「発達性学習症（DLD）」、DSMの最新版では「限局性学習症（SLD）」と記載されています。しかし、日本ではICDやDSMの以前の版で使われていた「学習障害（LD）」という呼び方が現在でも一般的であり、行政用語としても広く使われているため、本書でも学習障害と記載しています。

発達障害にはこの他に、コミュニケーション症や運動症などがあります。それらすべてをまとめたグループ名が「発達障害」です。

発達障害にはさまざまな種類がありますが、発達の特性があり、環境や人間関係などのバランスのなかで生活上の支障が出ている場合に、なんらかの発達障害と診断することになっています。その際の診断名は「自閉スペクトラム症」や「注意欠如多動症」などです。**発達障害はグループ全体の名称であり、診断名ではありません。**

なお、**発達障害の特性には重複や強弱があります。発達の特性があっても、生活上の支障とはならない場合もあります。**その場合には、特性があっても発達障害と診断されません。発達の特性は、必ずしも障害になるとは限らないものなのです。

そのため、私は発達障害を障害というよりは「少数派の種族」のようなものだと考えています。その考え方については、拙著『発達障害　生きづらさを抱える少数派の「種族」

神経発達症群（医学用語）

神経発達症群

知的発達症群	コミュニケーション症群
自閉スペクトラム症（ASD）	注意欠如多動症（ADHD）
限局性学習症	運動症群
他の神経発達症群	

DSMの最新版「DSM-5-TR」では、神経発達症群がこのように構成されている。ICDの最新版「ICD-11」の分類もおおむね一致するが、相違点もある（例：DSMではチックが運動症群に含まれるが、ICDではチックは神経発達症と別のグループに分類）

たち』『子どもの発達障害』（いずれもSB新書）でくわしく解説しています。発達障害をより深く考えたい方は、そちらもご覧ください。

■「神経発達症」の定義

発達障害には先ほど述べたようにさまざまな種類がありますが、ICDやDSMの最新版では、それらが一つの大きなグループとしてまとめられました。そのグループの名称が「神経発達症群（Neurodevelopmental Disorders）」です。このグループには知的発達症、つまり知的障害も含まれています。

神経発達症群（医学用語）と発達障害（行政用語）の違い

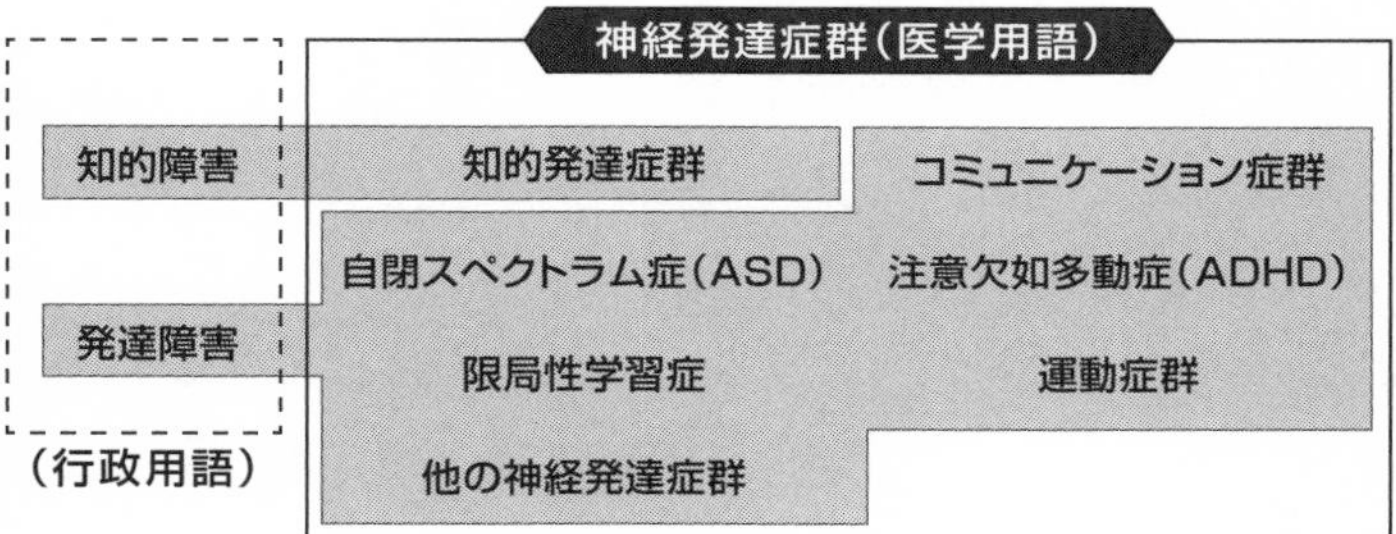

DSMの最新版「DSM-5-TR」では、神経発達症群がこのように構成されている。ICDの最新版「ICD-11」の分類もおおむね一致するが、相違点もある（例：DSMではチックが運動症群に含まれるが、ICDではチックは神経発達症と別のグループに分類）

■神経発達症と発達障害の違い

このように「神経発達症」の定義には知的障害も含まれるわけですが、すでに説明した通り、日本の法制度では知的障害と発達障害を区別することがあります。例えば、知的障害と発達障害では取得できる障害者手帳が異なります。

　手帳制度に関していえば、**日本の行政用語としての発達障害は、知的発達症以外の神経発達症を指しています。**それらの障害には知的障害を伴う場合と、そうではない場合がありますが、前者は「知的障害＋発達障害」、後者は「発達障害」として理解する、という考え方です。この考え方を右ページの図に書き加えると、上の図のようになります。

このように、**神経発達症**（**医学用語**）**と発達障害**（**行政用語**）**には相違点が少しある**のです。行政用語では「知的障害があり、発達障害がない状態」は、厳密にいえば知的障害ということになります。原則的には、発達障害とは認定されません。しかし医学的には、それは神経発達症に該当します。神経発達症のなかの、知的発達症として理解されるのです。

■今後は神経発達症と呼ばれるようになる？

発達障害や神経発達症という用語の使い方において、２０２４年現在は過渡期であると言えます。精神科の診断基準であるＩＣＤとＤＳＭが最新版に改訂され、その考え方を医療や福祉などの現場がとり入れている最中です。

精神科医の多くはすでに「神経発達症」という用語を使うようになっていますが、他の診療科や、福祉や教育などの現場では、この用語はまだそれほど浸透していないかもしれません。また新聞やテレビ、インターネットなどでの報道においても、いまはまだ「発達障害」という用語が使われることが多いように感じます。

この本でも、一般になじみのある用語として「発達障害」を用いています。しかし、今後は医療や福祉、教育などの現場で「神経発達症」を使うことが多くなっていくのではないかと予想されます。

ＩＣＤの最新版（２０２２年1月に発効、さらに情報を補強した２０２３年版をリリース）の日本語訳が公表されれば、厚生労働省がその最新版に合わせて、病気や障害の診断分類を刷新する見通しです。その後は「神経発達症」という用語が一般的になっていくでしょう。これは「精神分裂病」が「統合失調症」に変更されたのと同じで、医学の研究の進展に合わせて、病気や障害をより適切な名称で呼ぶようにするという動きです。

用語の変更によって混乱することもあるかもしれませんが、57ページの図のような形で各用語の違いを整理しながら、理解してもらえればと思います。

【知的障害の基本】

■「知的発達症」の定義

知的な発達の遅れは、ＤＳＭの第1版（１９５２年）では「精神薄弱」として分類されていました。その後、第2版（１９６８年）から第4版（１９９４年）では「精神遅滞」と記載され、19年ぶりに改訂された最新の第5版（２０１３年）で「知的発達症」となりました。ＤＳＭの最新版では「Intellectual Developmental Disorder(Intellectual Disability)」、ＩＣＤの最新版では「Disorders of Intellectual Development」と記載されています。その日本語訳が「知的発達症」です。

ＤＳＭやＩＣＤの最新版では、アメリカや日本などで行政用語として使われてきた「知的障害」という考え方を、医学の側が採用したような形になっています。

ＤＳＭとＩＣＤでは知的発達症の定義が多少異なりますが、どちらにも共通する内容として、

・発達期に生じること
・知的機能が低いこと
・適応機能が低いこと

という3点があります。また、どちらの定義でも、重症度を「概念」「社会性」「実用」の3つの領域で、総合的に検討することになっています。これが医学による最新の定義です。

簡単にまとめると、**知的発達症とは、「子どもの頃から知的な遅れと適応機能の低さがみられる状態」**のことを言います。「適応機能の低さ」というのは、さまざまな場面に適応することの難しさです。

わが国では、そのような状態を**医学用語で「知的発達症」**と言い、**行政用語では「知的障害」**と言っています。本書では、一般によく使われる「知的障害」を使っていますが、今後は一般の本や記事でも「知的発達症」と書くことが増えていくかもしれません。

■「知的機能」とは何か？

「精神疾患の診断・統計マニュアル」のＤＳＭ最新版では、知的機能は「論理的思考、問題解決、計画、抽象的思考、判断、学校での学習、および経験からの学習など」によって構成されるものだと説明されています。そのような行動をとるときに使っているのが、知的機能というふうに理解できます。

さまざまな側面があるなかでも、DSMでは特に言語理解やワーキングメモリ、感覚的推論、量的推論、抽象的思考、認知能力に力点が置かれています。

つまり**知的機能というのは、言葉や記憶などを使って、さまざまなことを認知したり、考えたり、推論したり、学習したりする機能**だと言えます。そのような機能を、診察や知能検査などを通じてよく確認し、知的機能の遅れや低さを診断することになっています。

■「適応機能」とは？

適応機能については、DSMは、**個人の自立や社会的責任という点でコミュニティの標準を満たせるかどうか**、という目安を示しています。

これはつまり、自分の属するコミュニティにおいて、さまざまな場面で自立した行動・責任を果たす行動がとれるかどうか、ということです。それができれば適応機能が高く、難しい場合には適応機能が低いということになります。この点も知的機能と同様に、診察や検査などによって、丁寧に確認する必要があります。

■「概念」「社会性」「実用」とは？

先に述べた、重症度を総合的に検討する3つの領域とは、具体的には以下のようなことを指します。知的障害の診療ではこれらの領域について、適応機能の低さがみられるかどうかを確認していきます。

・概念

概念の領域は、読み書きや記憶、計画を立てること、知識の習得などに関連していきます。言語や学力との関連が深い領域です。この領域に困難がある場合、例えば幼児期や学童期から学業不振がみられることがあります。また、重症度にもよりますが、日常生活のなかで文章や数量、時間、お金などの意味を的確に理解できないこともあります。

・社会性

対人関係やコミュニケーション、社会的な判断などに関連する領域です。この領域に困難がある場合、他者の考えを理解することや、自分の考えを人に伝えることがうまくできず、コミュニケーションの支援が必要となることがあります。場面に合わせて感情や行動を調節することが難しい場合もあります。

・実用

日常的な生活習慣や、余暇活動、学校・職場での課題への取り組み方などが関わる領域です。この領域に困難がある場合、例えば食事や着替え、入浴、買い物などについて、同年代の人よりもサポートを必要とすることがあります。また、基本的な生活習慣を身につけることに時間がかかる傾向があります。

■知的発達症の重症度の目安

3つの領域のうちどれか1つでも、支援を必要とするほどの「適応機能の低さ」があり、それが「知的機能の低さ」と関係していて「発達期から生じている」と認められた場合に、知的障害と診断されます。

そして3つの領域での困難の程度をくわしく確認したうえで、知的発達症の重症度が判断されます。重症度は「軽度」「中等度」「重度」「最重度」の4つに区分されています。DSMでは重症度を判断する際の目安として、例えば「社会性」の領域で、以下のような内容を示しています。

・**軽度**：定型発達の同年代の人に比べて、対人交流やコミュニケーションが未熟である。感情や行動を年齢相応にコントロールすることが難しいかもしれない。

・**中等度**：コミュニケーションなどで同年代との明らかな違いがある。話し言葉が単純で、複雑なことが話せない。意思決定能力が限られていて、サポートを必要とする。

・**重度**：話し言葉が語彙や文法などの点で限定的。1〜2語文の場合もある。会話では「いま」「ここ」でのことに注目しやすい。

・**最重度**：会話や身振りでの記号的なコミュニケーションの理解が、極めて限られている。単純な指示やジェスチャーは理解できることがある。

これらは一部を抜粋したものです。他にも社会性の目安として、さまざまな特徴が記載されています。また「概念」「実用」についても、いろいろな側面から目安となる情報が示されています。

■知的障害の診察・検査・診断

知的障害の有無や重症度を確認するためには、知的機能や適応機能に関する情報を丁寧に集めることが重要です。そのために医療機関では、診察でさまざまなことを確認するとともに、標準化された検査も行います。

知能検査としては主に「田中ビネー知能検査V」や「ウェクスラー式知能検査」（子どもの場合は「WISC《ウィスク》－V《ファイブ》」）などが使用されています。知能検査では知能指数（IQ）を測定しますが、知的発達症の診断では「偏差IQ」を参照することが推奨されています。偏差IQというのは、平均を100として、平均との差で数値を示すタイプのIQです。

適応機能については、「S－M社会生活能力調査第3版」や「日本版ヴァインランドII適応行動尺度」などが補助的に用いられています。

医師は診察でわかったことや、各種検査の結果などを総合的に検討して、知的障害の診断を行います。

■最新の診断基準の特徴

かつてはDSMの診断基準にIQの数値が目安として示されていましたが、最新版には数値が記載されていません。IQはさまざまな要因の影響を受けることがあり、また、例えば言語理解とその他の項目の数値に大きな差がある場合、全体のIQの数値が実態に合わないものになることもあります。その場合には、いわゆる全検査IQだけではなく、個々の項目をよく検討したほうが、より適切な支援を行えます。

そのような背景もあり、現在はIQを基準として知的障害の有無や重症度を検討するというよりは、**IQも含めて知的機能や適応機能を総合的に確認し、診断する**ようになってきています。知的機能を調べるうえで知能検査は重要ですが、IQの数値を診断の絶対的な基準にはしないということです。

例えば「IQは低めだけど、社会生活には特に問題ない」という人もいます。その場合、診断基準に則して考えれば、知的障害と診断しなくてもいいわけです。一方で、IQが知的障害の目安とされる70より高くても、自閉スペクトラム症の特性があって「社会性」領域の適応機能に低さがみられるという場合には、知的障害と診断したほうが適切な支援につながりやすくなる可能性があります。

■「知的障害はIQで決まる」という誤解

知的障害は、よく誤解されています。

以前から精神医学の領域では、ＩＱは知的機能の一つの目安であり、**知的障害は総合的に診断するもの**だと考えられてきました。ＤＳＭでも以前の版から、**ＩＱの数値はあくまでも目安**として示されていました。

しかし日本の自治体では、療育手帳を交付する際の判定で、ＩＱが目安より1ポイントでも高ければ、知的障害とは絶対に認定しないというケースがあります。医学的には知的障害と診断される状態の人が、行政的な支援を必要として手帳の取得を希望しているのに、それが認められない場面があるのです。これは勘違いもいいところです。

ＤＳＭが最新版でＩＱを記載しなくなったのは、適応機能にこれまで以上に注目するように促すためだと考えられます。今後は療育手帳の判定においても、知的障害は総合的に判断されなければなりません。

現在でも療育手帳の判定の仕方には地域差がありますが、中京大学の辻井正次教授を中心とする研究班が、判定基準の統一を目指して活動を続けています。私もその研究班に入っています。研究を進めることで、知的障害がより適切に判定される仕組みが整えられることが期待されています。

■「強度行動障害」は行政用語

知的障害の人が多大な支援を必要とする状態を「強度行動障害」ということがありますが、これは重症度を示す医学用語ではありません。行政用語です。

厚生労働省は、**強度行動障害を「自傷、他傷、こだわり、もの壊し、睡眠の乱れ、異食、多動など本人や周囲の人のくらしに影響を及ぼす行動が、著しく高い頻度で起こるため、特別に配慮された支援が必要になっている状態」と定義**しています。

これは知的障害の本来の特徴ではありません。なんらかのストレスなどによって、そのような状態になっていることを指します。知的障害や発達障害がある人は、その人に合った適切な支援が十分に得られない環境では継続的に強いストレスを受け、自傷行為などをしてしまうことがあります。そのような状態にならないよう、早期に支援することが重要です。また、そのような状態になった場合、福祉や医療のサービスをフルに動員して対応する必要があります。

■知的障害の原因

知的障害には大きく3つの要因がありますが、ほとんどは、次の①特発性要因に該当します。特発性というのは、原因が特定できないということです。

①特発性要因

特に基礎疾患がなく、知的機能が低い場合です。「生理的知的障害」と呼ばれることもあります。多因子遺伝などの関与が考えられています。知的発達症の75%程度が該当し、重症度は軽度の場合が多いです。

②病理的要因

染色体異常や先天性代謝異常、出産前後の感染症、中毒、脳外傷などが要因となっている場合です。「病理的知的障害」と呼ばれることもあります。知的障害と、病理的な要因の両方への対応が必要となります。

③心理社会的要因

養育環境になんらかの問題があり、学習機会が不足している場合です。極端な例ではありますが、生後まもなく人間社会から隔離されてしまった野生児などが該当します。

基本的には、育て方によって知的障害が起きるということはありません。③心理社会的要因には養育環境も関連しますが、これはかなり極端な例です。子どもに知的障害があることがわかったとき、「乳幼児期の育て方に何か問題があったのでは」と悩む方もいますが、そのような責任を感じる必要はまったくありません。

なお、知的障害の多くは、①特発性要因で原因は不明ですが、②病理的要因が関わっている場合もあるため、医療機関にかかることが大切です。

■知的障害と「境界知能」はどう違う？

第1章の事例6では、境界知能の状態にあるお子さんのエピソードを紹介しました。そこでは境界知能を「軽度知的障害よりも少しIQが高い状態」と説明しました。知的障害と境界知能はどう違うのか、ここでもう少しくわしく解説しましょう。

境界知能とは、知的機能が「知的発達症」と「正常知能」の境界域にある状態です。

すでに述べた通り、現在は知的機能をIQだけで判断することはありませんが、目安としては、知的機能の標準偏差（平均値との差、1標準偏差は15）が「2」低い場合を**知的障害、「1」低い場合を境界知能**と考えることが一般的です。

偏差IQでは平均100、1標準偏差が15なので、**おおよその目安として70未満が知的障害、70以上85未満が境界知能に該当する**と考えられています。この基準から言えば、偏差IQ85以上は正常知能ということになります。

標準偏差というのは、統計的な考え方です。理論的には、標準偏差が2低いグループは全体の2・3％となります。標準偏差が1低いグループは全体の13・6％です。これは知能検査に限らず、標準偏差を測るすべての検査に共通します。標準偏差を測る検査は、結果がその割合で正規分布するようにできているのです。

ですから、偏差IQを基準として考えた場合には、**理論値としては、人口のおよそ14％の人が境界知能に該当する**ことになります。

知的障害・境界知能・正常知能の分布

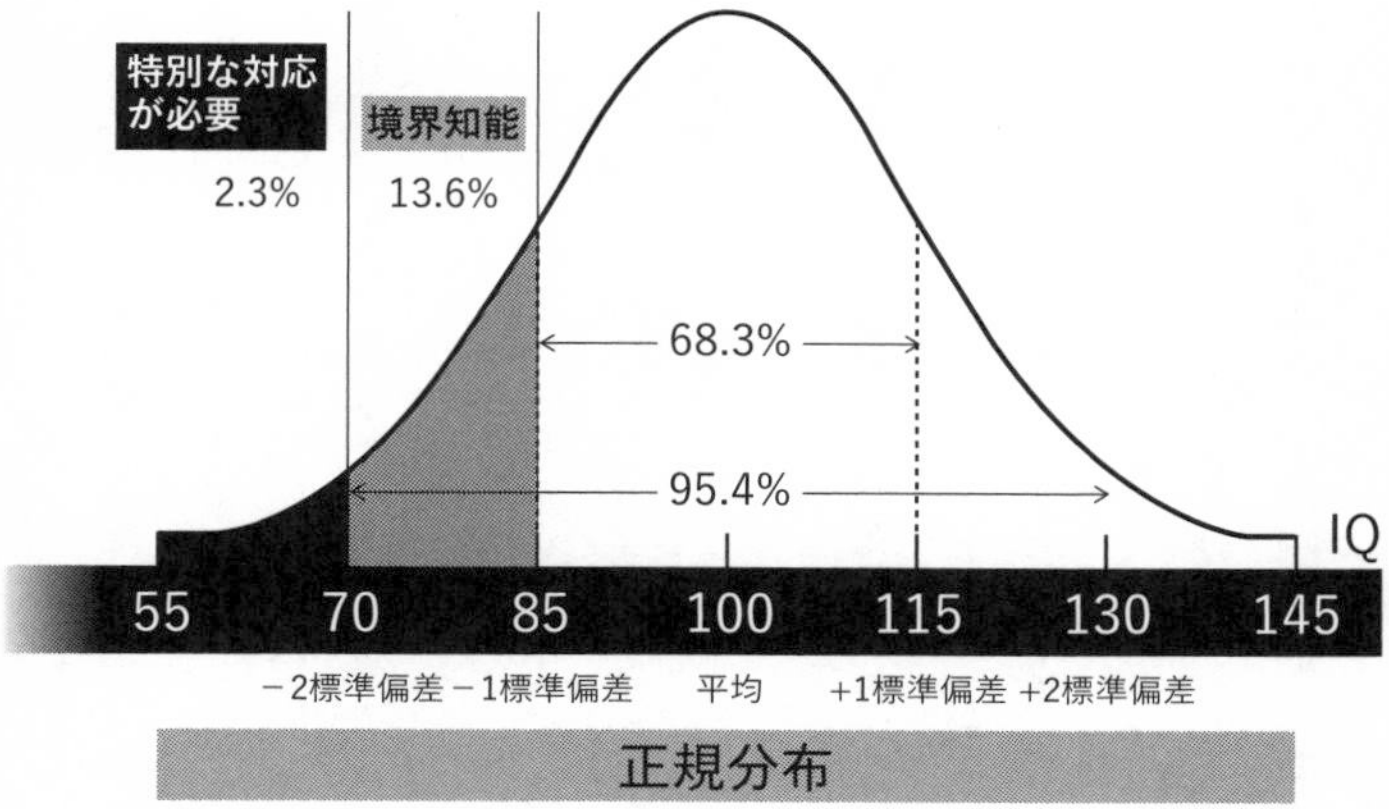

■境界知能は問題になり得るハイリスク群

境界知能はDSMやICDで、病気・障害とは位置付けられていません。境界知能は診断名ではないのです。

DSMの最新版では、**境界知能は「臨床的関与の対象となることのある他の状態」という項目のなかで解説**されています。これはつまり、病気や障害ではないけれど、場合によっては診療の対象になるということです。

境界知能の人は基本的には、明らかな不適応を起こすことなく、社会生活を送っていけると想定されています。しかし、心理的な負荷がかかった場合や、他の発達障害との重なりなどによって、精神医学的な問題が起きる可能性があり、いわばハイリスク群として位置付けられているのです。

実際に、境界知能の状態にある人たちは、子どものときも、大人になってからも、一定の知的機能が要求されるような活動に取り組むとき、困難を感じることがあります。例えば複雑な内容の文書を扱う活動などでは、強いストレスを感じるかもしれません。

本人の知的機能と、周囲から要求される知的機能の間にギャップがあるときには、生活上の支障が出る可能性があります。境界知能は、そのような可能性が想定されるハイリスクな状態だということです。

■境界知能でも、生活上の支障があれば支援を受ける

境界知能に自閉スペクトラム症やＡＤＨＤが併存している場合、知的機能に関連する困難だけでなく、対人関係や集中力に関連する困難も生じてしまうことがあります。その結果として、生活上の支障が出てくる場合もあります。その場合はＩＱの数値だけにとらわれず、総合的な診断を行わなければなりません。

私は以前、横浜市の医療機関に勤めていましたが、当時、横浜では医療と行政が連携

し、そのようなケースを軽度知的障害と同等の状態だとみなして、療育手帳を交付することが行われていました。正常知能の人に手帳が交付されるようなことはありませんでしたが、例えば偏差ＩＱが80くらいの場合でも軽度知的障害と判定され、早期支援につながることがありました。これは医学的には妥当な判断だと言えます。

横浜市以外にも、そのように柔軟な判断を行っている地域があります。すでに述べたように、ＩＣＤやＤＳＭでもＩＱは目安に過ぎないことが示されていますから、今後はＩＱにとらわれない判定が一般的になっていくのではないでしょうか。

【知的障害・発達障害の対応の基本】

■知的障害や発達障害は、自然経過で悪化しない

知的障害・発達障害の基礎知識のまとめとして、神経発達症全体に共通して言える「対応の基本的な考え方」をお伝えします。それは、神経発達症の定義として書かれているような特性は、自然経過のなかで悪化することはない、ということです。

知的障害や発達障害の特性には、よくなっていく部分と、あまり変わらない部分があります。**子どもは成長していくので、基本的にはよくなっていく部分が多い**です。例えば、対人関係が苦手だという子も、成長するにつれて、その子なりのやり方で対人関係の築き方を身につけたりします。どうしても苦手なことはあまり変化せず、大人になってもそのまま残りますが、自然経過でより一層悪くなるようなことは、原則としてありません。

■特性は悪化しないが、情緒が乱れることはある

ところが、知的障害や発達障害の子の成長の経過をみていると、ある時期からイライラしやすくなったり、暴力を振るうようになったりすることがあります。本来であればその子なりに発達していくはずなのに、むしろ状態が悪化したようにみえることがあるのです。

これはほとんどの場合、**環境との相性に問題**があります。環境の変化によって、子どもの情緒が不安定になってしまうことがあるのです。

例えばクラス替えで、相性のよくない先生や同級生と一緒に過ごすようになり、子どもがイライラしやすくなることがあります。前年度よりも騒がしいクラスに入って、落ち着かなくなってしまう子もいます。その場合、知的障害や発達障害の特性そのものは悪化していないのですが、子どもの情緒は乱れているわけです。

■情緒が乱れるのは、基本的には「二次障害」

環境の変化によって情緒が不安定になってしまうのは、基本的には「二次障害」です。知的障害や発達障害の特性そのものではなく、二次的に起きている障害だと考えましょう。

クラス替えで子どもがイライラしやすくなってしまったとき、親や学校の先生がそのことに気づいてなんらかの支援を行えば、情緒の問題は解決する可能性があります。例えば座席配置の工夫などによって、相性のよくない同級生との接点を減らせば、子どものイライラも軽減するかもしれません。

情緒が不安定になるというのは、逆境的な環境に対する反応です。これは感情や情緒の反応であって、**子どもの本来の特性ではありません。**情緒的な問題ととらえて、解決をはかるべきです。知的障害や発達障害の対応では、子どもの「特性」と「感情・情緒の変動」を分けて考える必要があります。

■対応の基本は、二次障害を予防すること

知的障害や発達障害の診察をしていると、感情や情緒の問題を相談されることがよくあります。「**イライラしやすい**」「**落ち込みやすい**」「**不安が強くて学校に行けない**」といったご相談です。しかし、それらはいずれも知的障害や発達障害の特性ではありません。**うつや不安などの症状は、二次障害**として起こっています。

実は、**知的障害や発達障害の支援で最も重要なのが、この二次障害への対応**です。知的

障害や発達障害の本来の特性ではないところで、あとから出てくる感情や情緒の問題をどのように防ぐか。二次障害の予防こそが、最も重要なことなのです。

そして、その最も重要な予防につながっているのが、早期発見・早期支援です。知的障害や発達障害の特性に早く気づいて、早く支援すれば、子どもが安心して過ごせます。毎日を安心して過ごすことができれば、感情や情緒は乱れません。早期発見・早期支援をすることによって、子どもの二次障害を未然に防げるわけです。

私が「乳幼児期に早期支援を受けることが何よりも重要」と言っているのは、それが将来の二次障害の予防につながるからです。

■基本がわかれば、必要な支援もみえてくる

知的障害や発達障害がある子は、その子に合った環境であれば、情緒的に安定した生活を送ることができます。対人関係が苦手だったり、集中力が弱かったり、複雑なものごとを理解するのが難しかったりしても、支援を受けて、それらの特性が大きな問題につながらないような環境で過ごすことができれば、感情・情緒の問題は起こりにくくなります。

そして、**子どもに合った環境を整えるためには、知的障害や発達障害の特性を理解する**

必要があります。知的障害と発達障害の基本がわかれば、必要な支援もみえてくるのです。みなさんにはこの本だけでなく、他にもさまざまな情報にふれて、知的障害・発達障害への理解を深めてほしいと思います。

この章では、「発達障害とは何か」「知的障害とは何か」をお伝えしました。この章の内容を読んで、「ゆっくりとはどういうことか」がわかってきた方もいるかもしれませんが、次の第3章では、知的障害と発達障害の基本をふまえて、2つめのキーワード「ゆっくり」を解説していきます。

第3章

知的障害は「ゆっくり」

【知的障害をさらに深く考えていく】

知的障害や発達障害の特性は、自然経過では悪化しません。子どもの特性を理解し、その子に合った対応を行えば、二次障害は予防できます。そのために「早く」支援を受けることが大切なのです。

この本ではそのことを、第1章では「事例」という形で、第2章では「基礎知識」という形でお伝えしてきました。ここまでの内容をふまえて第1章の事例を振り返ると、以下のように整理できます。

・事例1・2・3・5：早期支援を受けて、二次障害を予防できた例
・事例4・6：十分に支援を受けられず、二次障害が起きてしまった例

事例のように「早く」支援を受けることが二次障害の予防につながるわけですが、これまでにも繰り返しお伝えしている通り、支援を受けるなかで「ゆっくり」というキーワードも重要になってきます。これは知的障害の場合のキーワードで、発達障害の場合には「アンバランス」がキーワードになります。

この章では、知的障害の「ゆっくり」をくわしく解説します。「知的障害とは何か」をさらに深く掘り下げて考えていきましょう。

17ページでみなさんに問いかけた「**知的障害の何がゆっくりなのか?**」の答えも、この章でお伝えします。他にも「ゆっくりとアンバランスはどう違うのか」「大人になってもゆっくりなのか」といったテーマもとりあげていきます。

【キーワードは「ゆっくり」】

■知的障害は「ゆっくり」

知的障害の子は、発達が「ゆっくり」です。これが知的障害を理解するための最大のポイントになります。子どもに知的障害がある場合、その子の「ゆっくり」ペースに合わせて暮らしたり、教えたりすれば、基本的には大きな問題は起こりません。**子どもの発達がどのように「ゆっくり」なのか、どれぐらい「ゆっくり」なのかを理解して、それに即したプランを立てていく。**これが知的障害の子育ての基本です。実はとてもシンプルな話なのです。

■発達障害は「アンバランス」

一方、発達障害の場合、発達が「アンバランス」です。例えば小学生で、歴史の話なら大人相手でも何時間も語り合えるけれど、友達との雑談ではほとんどしゃべれないという子がいます。得意と苦手がはっきりしていて、アンバランスなのです。

発達障害の特性は、周囲の人に理解されにくいところがあります。親や学校の先生が発達障害の子を見て「あのときは上手にしゃべっていたのに、今日はどうしたんだろう?」などと思ってしまうことがあります。**「何ができて、何ができないのか」を理解するのが難しい**のです。なかには、うまくできることが目立っていて、発達障害があるようにはみえない子もいます。発達障害は多様で複雑で、一見わかりにくい。だから発達障害は多くの人に注目されているのだと思います。

■「ゆっくり」と「アンバランス」

知的障害は「ゆっくり」。発達障害は「アンバランス」。この2つのポイントを意識すると、知的障害や発達障害を理解しやすくなります。

例えば、幼児期のトイレトレーニング。子どもにトイレの使い方を少しずつ教えていくわけですが、それを「平均的には何歳でできるらしい」と言って、年齢を目安にして教え込もうとすると、知的障害や発達障害の子を焦らせてしまうことがあります。

・知的障害の場合

知的障害の子は、おしっこやうんちの仕方、そのときの衣服の脱ぎ方、おまるの使い方などを習得するのが全体的に「ゆっくり」です。その子のペースで少しずつ学んでいきます。大人が他の子と比べないようにして、じっくり取り組めば、その子はストレスなく練習していけます。知的障害の子育てでは焦らないで、のんびり構えることが大事なのです。

・発達障害の場合

発達障害の子は、得意と苦手がはっきりしている場合が多いです。例えば、絵や写真などを見て理解するのは得意だけど、口頭で説明を受けて理解するのは苦手という子がいます。その場合、トイレの仕方を話して聞かせるよりも、写真で手順を見せたほうが、習得が早くなります。発達障害の子育てではその子に合ったやり方・環境を考えることが大事です。

■焦らず「ゆっくり」育てていこう

知的障害がある場合も、発達障害がある場合も、子どもの特性を理解しないで平均的なやり方で教えようとすると、その子に無理をさせてしまう可能性があります。そのやり方は子どもにとって「まだできないこと」や「苦手なこと」かもしれません。何度も無理をさせてしまうと強いストレスがかかり、子どもにメンタルの問題が生じる場合もあります。

子どもに知的障害や発達障害がある場合には、焦らずゆっくり、その子に合ったタイミングや方法を考えながら育てていくことが大切なのです。

【何が「ゆっくり」なのか】

■動作が「ゆっくり」なわけではない

知的障害の子育てでは、子どもがどのように「ゆっくり」なのかを理解することがポイントになります。ここでいう「ゆっくり」は、動作が遅いという意味ではありません。知的障害は何が「ゆっくり」なのか、より具体的に説明していきましょう。

みなさんのまわりにも「ゆっくり」な人がいると思います。例えば、歩くのがゆっくりな人。それから、作業をゆっくり丁寧に進める人。人の話を最後までゆっくり聞くタイプの人もいるでしょう。いろいろな「ゆっくり」がありますが、知的障害の「ゆっくり」は、それらの「ゆっくり」とはまったく異なる概念です。

右に挙げたように「動作や作業がゆっくり」なのは、その場面でのスピードの話です。目的地まで歩いていくか、早足で向かうのかという違いですね。この点は、知的障害がある子も同じです。知的障害の子にも歩くのが速い子もいれば、ゆっくりな子もいます。

知的障害の「ゆっくり」は、場面ごとの動作の話ではなく、子どもの発達過程全体の話です。知的障害の子は先ほど例に挙げたトイレトレーニングのように、**何かを習得するプロセスがゆっくり**になります。

知的障害の子は知的機能の発達に遅れがあるため、平均的な子どもに比べると、さまざまなスキルを獲得する時期が遅くなりがちです。つまり、**知的障害の子は何かができるようになるのが「ゆっくり」**だということです。トイレトレーニングなどを同年代の他の子どもと同じように教えていても、できるようになる時期が少し遅くなる場合が多いのです。

■「何がゆっくりなのか？」解答編

この本では、17ページで「知的障害の何がゆっくりなのか？」という問題を提起しました。この問いを考えながら本を読んでもらいたいという提案をしました。そして、前半の第1章・第2章にヒントがあるということもお伝えしました。

答えはすでに述べた通り、**「何かができるようになるのが、平均的な子どもに比べてゆっくり」**ということです。みなさんは前半を読んで、答えがわかりましたか？　第1章・

第2章を読んでいて、「ゆっくりって、こういうことか！」と感じる部分はあったでしょうか。

実は第1章・第2章の文章のなかにも「知的障害の何がゆっくりなのか」を読み取れる内容がありました。以下の部分です。

●第1章

・全体的に「ゆっくり」

第1章の事例2のお子さん（28ページ）は、1歳半で乳幼児健診を受けたときに「**複数の発達課題で戸惑ってしまい**」「**さまざまなことの理解に遅れがみられた**」ため、早期支援を受け始めました。知的障害の子にはこのように、さまざまなことの発達が全体的に「ゆっくり」な様子がみられます。

・他の子に比べて「ゆっくり」

事例3（30ページ）では、親御さんがお子さんの「**なかなか首がすわらない**」「**ハイハイをしない**」「**言葉が出ない**」といった点を心配して、「**上のお子さんに比べて発達が全体的**

に遅い」ということで、子育て相談窓口を利用していました。知的障害がある場合、他の子どもと比べたときに「ゆっくり」にみえることがあります。

●第2章

・スキルの獲得が「ゆっくり」

第2章では「概念」「社会性」「実用」の説明（61ページ）のなかで、知的障害の子には**「基本的な生活習慣を身につけることに時間がかかる傾向」**があることをお伝えしました。知的障害の子は着替えや入浴などができるようになるまでに、平均的な子どもよりも時間がかかる場合が多いです。これがスキルの獲得が「ゆっくり」ということです。

・さまざまな程度の「ゆっくり」

重症度の目安（64ページ）として**「定型発達の同年代の人に比べて、対人交流やコミュニケーションが未熟である」**（軽度）、**「コミュニケーションなどで同年代との明らかな違いがある」**（中等度）といった例を解説しました。知的障害の子どもたちの「ゆっくり」の程度は、子どもによって異なるということです。

他にも「ゆっくり」を理解するためのヒントになる内容はあったかもしれませんが、ここではひとまず右の4点を抜粋しました。

■その子の「ゆっくり」を丁寧に理解していく

4点をまとめましょう。知的障害の子は全体的に「ゆっくり」発達していきます。**年齢相応のスキルを獲得するまでに、時間がかかることが多い**です。そのため、他の子どもと比べると発達が遅いようにみえることがあります。ただし、その程度には個人差があります。一口に知的障害と言っても、子どもによって「ゆっくり」の程度は異なるわけです。

これが知的障害の「ゆっくり」です。一言で言えば「ゆっくり」ですが、子どもによってその詳細は異なります。だからこそ、**その子がどのように「ゆっくり」なのか、どれぐらい「ゆっくり」なのかを丁寧に理解していくことが大切**なのです。

■例えば、分数を学ぶのも「ゆっくり」

例えば、小学校の算数の授業で分数を習うときにも、子どもの「ゆっくり」がみえてくることがあります。

教室のなかには、先生の話を聞いたらすぐに理解して、分数の計算ができるようになる子もいます。一方で、授業中にはうまく理解できない子もいます。あとで復習をして、時間をかけて、できるようになっていく。そういう子もいるわけです。

子どもによって理解の早さは違いますが、知的障害の子は、その時期には何時間勉強をしても分数がわからない場合もあります。

小学校では学年別のカリキュラムが用意されています。文部科学省の学習指導要領によって、「何年生で何を学ぶ」ということが基本的に決まっているわけです。分数については通常、3年生から学んでいくことになっています。しかしそれは平均的な基準です。平均的な子どもはこの学年から学習する、という目安なのです。

すでに述べた通り、知的障害の子は発達が全体的にゆっくりで、年齢相応のスキルを獲得するのが遅くなる傾向があります。そのためカリキュラム通りに分数を学ぼうとすると、その時期にはまだ難しい場合もあるわけです。

例えば軽度の知的障害の子が、3年生のときは分数がよくわからなかったけれど、5年生になったら理解できた、というようなこともあります。そのような形で「ゆっくり」がみえてくることがあるのです。

■子どもによって発達の仕方やスピードは違う

子どもによって、発達の仕方や発達のスピードは違います。3年生の時期には分数の理解がまだ難しい子もいますが、反対に、先生の話を聞かなくても分数を理解できてしまう3年生もいます。**何かができるようになるのがゆっくりな子もいれば、ちょっとゆっくりな子もいる。平均的な子や、早い子もいる。**そのようなイメージを持って、子どもの発達をみてもらえればと思います。

大人は勉強が苦手な子をみると「努力が足りない」と考えてしまいがちです。しかし、小学校3年生くらいで勉強をサボるような子は、あまりいません。そのぐらいの年齢の子どもたちは大抵、親や先生から「がんばって!」と言われたら、一生懸命がんばります。

小学校の低学年・中学年で勉強がどうにも苦手な子どもというのは、多くの場合、努力が足りない子ではありません。軽度知的障害や学習障害などがあって、その子に合った学習ができていないケースが多いのです。そういう子どもには平均的な教え方ではなく、その子に合わせて「ゆっくり」教えたほうがいいのです。

【大人になっても「ゆっくり」？】

■大人は「ゆっくり」というよりは「低い」

第2章で知的障害の定義（60ページ）を解説しましたが、そのなかにもあった通り、知的障害は「発達期に生じる」ものです。子どもの頃から、発達が全体的にゆっくりであるということです。

では、大人になったらどうなるのかというと、**成人期には「ゆっくり」というよりは「低い」状態**になります。

その人なりの発達がゆっくり進んでいって、いずれは成熟した状態になるわけですが、そのときの知的機能が、平均的な人に比べれば「低い」ということです。成人期以降もゆっくり発達していって、どこかの段階で平均に追いつくというわけではないのです。

知的機能が低いことによって、社会生活を営むうえで、さまざまな制限が生じる場合もあります。知的障害がある場合、子どもの時期にも、大人になってからも、一定の支援は必要だということです。

■あらためて「知的機能」を考える

大人になったとき、知的機能が平均よりも低い。このことをもう少し掘り下げて考えていきましょう。「知的機能とは何か」ということは、第2章の61ページですでに解説しました。知的機能の基本的な考え方は、第2章の内容を読んでいただければと思います。

ここでは基礎知識というよりは、私がこれまでの臨床経験を通じて感じてきた、「知的機能をこう考えると理解しやすい」という感覚的な話をお伝えします。これは学術的な理論ではありません。一つの参考情報としてお読みください。

すでに述べた通り、近年は知的機能をＩＱの数値だけで判断するのではなく、さまざまな情報をふまえて総合的に評価するようになってきています。ただ、ＩＱが重要な目安の一つであることも事実です。

ＩＱの測定方法には、いくつかの種類があります。第2章の66ページでは平均値との差を示す「偏差ＩＱ」という形式を紹介しました。医学の領域では現在、この偏差ＩＱを使うことが多くなっているのですが、それ以外に「精神年齢」と「生活年齢」の比率でＩＱを求める形式もあります。例えば「田中ビネー知能検査Ｖ」は、2〜13歳までは「精神年齢」を測定してＩＱを算出し、14歳以降は偏差ＩＱを使用する形になっています。

この「精神年齢を使って知的機能を測定する」という形式を参考にすると、知的機能の具体的なイメージを持ちやすくなります。これはあくまでも参考情報ではありますが、理解の助けになると思いますので、ご紹介します。

■「精神年齢」でIQを測る方法がある

田中ビネー知能検査では、子どもの「精神年齢」を測定します。これは精神発達の水準を示すものです。そして精神年齢を「生活年齢」で割って、ＩＱを算出します。生活年齢というのは子どもの実際の年齢です。数式は以下のようになります。

精神年齢 ÷ 生活年齢 × 100＝知能指数（IQ）

ざっくりとした説明になりますが、例えば生活年齢が10歳の子が、知能検査を受けて精神年齢が８歳程度だとわかった場合、「８÷10×１００」でＩＱが80ということになります（実際には年齢を月齢で考えるのですが、ここでは大まかに説明しています）。

この形式では、生物学的に何歳であり、それに対して精神年齢は何歳くらいに該当するのかを示していることになります。知的機能をそのような形で測っているわけです。

■年齢と知的機能の関連を考える

精神年齢と生活年齢でＩＱを測る形式は、偏差ＩＱを測る形式とは手法が異なります。しかし結果をみると、双方で数値が大きくはずれないことも多いのです。

私の経験上の話にはなりますが、偏差ＩＱを測るウェクスラー式の検査でＩＱ70前後の子は、田中ビネー知能検査でもだいたいＩＱ70前後の結果になることが多いです。

また、**知能検査は、基本的にはその結果が年齢とともに変わらないように作られています。**生活年齢が５歳でＩＱが70前後だった場合、10歳のときも、20歳になったときも、基本的にはＩＱが70前後の数値になるものと想定されています。

そのようなこともふまえて「年齢と知的機能の関連」を考えると、「**ＩＱ70未満で知的**

障害と判断される状態」というのは、例えば10歳時点では、知的機能が7歳未満というふうに想定することもできます。精神年齢イコール知的機能というわけではないので、これはざっくりとした見立てに過ぎませんが、このような視点を持ってみると、子どもの「ゆっくり」を具体的にイメージしやすくなるのではないかと思います。

同じように、**境界知能をIQ70以上85未満として考えると、10歳時点で7歳から8歳半くらいの知的機能と想定**することができます。小学4年生のときに、小学1〜3年生くらいの知的機能で生活しているというイメージです。このような考え方を試してみることで、知的障害の支援をイメージしやすくなるかもしれません。

■小4の教室には小1から中1相当の子がいる?

この考え方で小学校の教室をみてみると、勉強が得意な子と苦手な子のバランスのようなものも、なんとなくみえてきます。

例えば小学4年生のクラスに、IQ70から130くらいの子どもたちが集まっているとしましょう。現実的にも、IQ70台の子どもは「知的障害がない」と判断され、通常学級に在籍することがあります。

先ほどの考え方からすれば、その教室には7歳相当から13歳相当の知的機能の子どもたちが集まっていることになります。小学1年生から中学1年生くらいの知的機能の子どもたちが、同じ時間に同じ場所で、小学4年生向けの内容を学習しているわけです。

そう考えると、先生の話を聞いてすぐに理解できる子と、時間をかけてもなかなか理解できない子がいるのも当たり前のように思えてきます。また、ＩＱ70～85くらいの子が小学1・2年生くらいの学習段階だと考えると、その子に小学4年生が学ぶ内容を教えようとしても、まだ難しい場合もあるのではないかと感じます。

■大人になったときの知的機能を考える

最新版の田中ビネー知能検査では、14歳以降は偏差ＩＱを使うことになっています。しかし以前は「生活年齢」を最大で17歳まで測定する形式になっていました。

その頃、私はこの「17歳」という基準を参考にして、成人期の人の知的機能を考えることがありました。精神年齢と生活年齢の数式に「17歳」を当てはめると、以下のような目安がみえてきます。

・大人になったときの知的機能の目安（IQ70の場合）

11・9歳（精神年齢）÷17歳（生活年齢）×100＝70（知能指数）

・大人になったときの知的機能の目安（IQ85の場合）

14・45歳（精神年齢）÷17歳（生活年齢）×100＝85（知能指数）

IQ70前後を軽度知的障害と考えると、成人期におよそ12歳程度の知的機能という目安がみてとれます。IQ85前後を境界知能とすると、そちらは14歳半くらいの目安です。

これらはあくまでも参考値ですが、私が臨床経験を通じて感じてきた実感値にも近いものです。この考え方で大まかに捉えると、成人期に境界知能の人は中学生程度、軽度知的障害の人は小学校中〜高学年程度、中等度知的障害の人は小学校低学年程度、重度知的障害の人は幼児程度の知的機能であることが想定できます。私はこのような視点も持ちながら、知的障害や境界知能の人の成人期の状態を考えてきました。

■成人期の見通しを持つと、支援がしやすくなる

例えば「**成人期に小学校高学年程度の知的機能がある**」と考えて、支援を検討していく

ことがありました。その見通しからすると大人になったときに、例えば複雑な統計資料などを扱うのは難しいかもしれません。しかし、一定の事務作業や軽作業などは十分にできるのではないかと考えられます。そのような見通しを持って、対応をしていったわけです。

この考え方は、私が普段の臨床の中で一人ひとりの子どもを大まかに把握するときに行っていたものであり、現在の偏差ＩＱを用いる知能検査の理論から見ると厳密さを欠くものです。知的機能を具体的に考えるための参考情報にはなると思いますが、注意点もあります。「実年齢に対して、知的機能は何歳低い」という考え方にこだわりすぎると、結局「年齢相応にできないこと」が気になってしまい、焦りにつながることもあります。

年齢を目安にするというよりは、先ほど例に挙げたように「一定の事務作業や軽作業などはできそう」といった形で、具体的な行動をイメージしたほうがいいと思います。

ただ、この項の冒頭でもふれたように、この考え方は知識というよりは経験談に近いものです。「こういう視点も知っておくと、知的障害を理解しやすくなるかもしれない」というオプションのような情報として、参考程度に扱ってください。

【知的障害の子育ては「逆算」】

■大人になったときの状態から「逆算」する

成人期の見通しを持つと、支援がしやすくなります。将来のために、いま何をすることに意味があって、何にはあまり意味がないのかが、わかりやすくなります。大人になったときの状態から「逆算」して、いま何に取り組むかを考えられるようになるわけです。

私は親御さんと話すときにも、例えば「**お子さんは将来、スーパーマーケットに買い物のリストを持っていって、必要なものを購入してくることは十分にできそうです。ただし、金額の複雑な計算は難しいかもしれません**」といったことをお伝えすることがあります。そして、その見通しから逆算する形で「**いま教えたら身につきそうなことを一緒に考えていきましょう。例えば、買い物リストを見ながら必要な商品をカゴに入れることはできそうですから、練習してみましょう**」といったことを具体的に提案するわけです。

本人が一人で買い物リストをつくることや、必要な金額を計算することは難しいかもしれません。そのようなことを教えても、適切な支援にならない可能性があります。それよりも本人が着実に身につけていけることを考える。そして家族にはサポートの仕方を知ってもらう。そのような形で、支援の枠組みを考えていくのです。

家族が買い物のリストと代金を用意する。本人はそれを持って買い物に行く。そのような枠組みで、生活習慣を習得していける場合があります。仕事についても同じようなことが言えます。例えば、職場側にマニュアルを用意してもらえれば、それにそって作業を行うことはできるという人もいます。知的障害の子育てではそのような形で、本人に合った枠組みを整えていくことが大事です。

親御さんがお子さんに対して「**こういう支援があれば、こういうことができる**」という**見通し**を持てれば、それを他の人に伝えることができます。家族や園・学校の先生、療育機関の支援者、職場の関係者、ヘルパーさんなど、お子さんに関わる人たちに「こういうところを手伝ってください」と、具体的なお願いができるようになるのです。

■ピアジェの「認知発達理論」を参考に

「逆算」を考えるときに、参考になる理論があります。スイスの心理学者ジャン・ピアジェが提唱した「認知発達理論」です。ピアジェは子どもの認知の発達を、次のように4段階に分けて説明しました。

・感覚運動期（0～2歳頃）

赤ちゃんはおもちゃを手でさわったり、口にくわえたりして、ものとして認識します。ピアジェは、乳幼児期の子どもは感覚と運動によってものごとを理解していると考え、この時期を「感覚運動期」としました。

・前操作期（2～7歳頃）

幼児期になると子どもは、言葉を使ってものごとを理解するようになります。しかしまだ理解があやふやで、情報をうまく扱うことはできません。ピアジェはこの時期を、ものごとを頭のなかで「操作」する前の時期ということで「前操作期」としました。

・具体的操作期（7～11歳頃）

小学校に入るくらいの年代になると、子どもはものごとを具体的に理解できるようになってきます。ピアジェは情報を「操作」すること、つまり論理的に考えることも、少しずつできるようになると考えました。一方で、この時期にはまだ抽象的な思考、例えば仮説を立てることなどは難しいとされています。

・形式的操作期（11歳頃〜）

ピアジェは11歳頃から認知の発達が次の段階に進むと考えました。この頃から、子どもは抽象的に考えることができるようになっていきます。頭のなかで仮説を立てたり、一般論を考えたりするようになります。知識を使って、形式的に考えられるようになる時期ということで、「形式的操作期」とされています。

ピアジェの認知発達理論を参照すると、知的機能がどのように発達していくのかがよくわかります。それによって、知的障害の子どもへの支援を検討しやすくなります。

■将来から逆算して、いまやることを考える

認知の発達には4つの段階があるわけですが、知的障害の子の場合、将来的にも具体的

操作期の段階にとどまる可能性があります。中等度よりも重い知的障害がある場合には、その可能性が高いでしょう。大人になったときに「抽象的な思考が難しい」状態だと想定される場合もあるわけです。

その場合、**成人期に「状況に合わせて臨機応変に立ち回る仕事」に就くのは難しい**でしょう。各部署の思惑を察して社内調整をするような業務は、おそらくできません。そのような将来像を目標にしてしまうと、幼児期や学齢期に適切な支援ができなくなります。

一方で、その子は**将来「具体的なものを取り扱う定型的な仕事」であれば、問題なくこなせる可能性**があります。そういった見通しから逆算して、いまから取り組んでいけることを考えるのが「逆算の支援」です。

例えば、まだ学齢期でも「一定の作業を何時から何時まで実行する」「作業が終わったら報告する」といった習慣を身につけることはできるかもしれません。将来像から逆算してそのような取り組みを考えていくと、子どもの成長をサポートできます。

■認知発達理論は算数・数学にも当てはまる

発達の段階によって、学べることは違います。これは学校の勉強にも当てはまる話です。小学校では「算数」を学習します。中学になると「数学」になります。

算数では、主に身近なものごとが扱われます。日常生活のなかでも使うような、例えば人数や、ものの大きさなどを計算します。算数では、具体的なことを主に学ぶのです。

それに対して数学では、抽象的なことも学んでいきます。xやyなどを使って関数の計算をしたり、「n」という記号を自然数とみなしたりします。

この違いは、ピアジェの認知発達理論とおおむね一致しています。**11歳ぐらいまでは具体的なものごとを扱い、その後少しずつ、抽象的な思考を広げていく。**xやyのような抽象的な概念を扱うためには、一定の理解力が必要になるのです。

これまでに何度か述べた「抽象的な思考が難しい」状態というのは、算数と数学の例で言えば、「数学を理解するのは難しいけど、算数はわかる」というようなものです。そのようなイメージを持って、逆算の支援を考えるのもいいかもしれません。

大人になったときに「数学レベルの計算はできないけど、算数レベルの計算はできる」と考えると、例えば金銭管理でも、どの程度のことを教えればしっかりと身につくのかが、検討しやすくなるのではないでしょうか。

■逆算しないと「過剰訓練」になる場合も

子どもの「ゆっくり」なペース、その子の将来像を理解して、そこから逆算する形で「大人になるまでに身につけること」を考えるようにすると、ゆっくりとではありますが、子どものできることは着実に増えていきます。

しかし、発達が「ゆっくり」であることを理解するのは簡単ではありません。子どもがいろいろなことを学ぶ様子をみて、周囲の大人たちが「もう少しがんばれば、もっと伸びるのでは」と期待してしまうこともあります。大人たちはあの手この手を使って、子どもに苦手なことを克服させようとするかもしれません。ところが、そうしたやり方は本人にとって過重な課題となります。子どもに無理をさせることになるのです。

人間の持っている能力には、残念ながら個人差があります。勉強が得意で、それほど努力をしなくても楽々わかってしまう子もいれば、人一倍時間を使っても教科書の内容がなかなか理解できない子もいます。がんばってもいい結果が出ない。それが何度も続くと、本人の心のなかに苦手意識が生まれてきます。そうこうしているうちに、勉強すること自体が嫌になってしまうかもしれません。

私はそのように**苦手の克服を目指してがんばりすぎる育ち方を「過剰訓練タイプ」**と言

っています。**第1章の事例4**（31ページ）のお子さんが、そのタイプに該当します。事例4では親御さんや学校の先生方が「やればできる」とお子さんを励まし、「勉強や活動の遅れを宿題や補習、学習塾、習い事などでフォロー」していましたが、結果としては、お子さんは学校に通うことがつらくなってしまいました。子どもの「ゆっくり」をよく理解しないで、「やればできるのでは？」などと否定的にとらえていると、そのような過剰訓練を課して、子どもに多大なストレスを与えてしまう可能性があるのです。

事例４：小学校中学年で、勉強についていけなくなったお子さん

なかには、知的障害があることをわかっていても、「**この調子で勉強していけば、いずれ平均的な知的機能になるのでは**」と期待する人もいますが、それは過剰な期待です。すでに述べた通り、知的機能が大きく変化することは考えにくいのです。

■「放任」につながってしまう場合もある

過剰訓練タイプとは反対に、**「このくらい教えておけば、もうわかっただろう」と判断され、放っておかれてしまうタイプの育ち方**もあります。これを私は**「放任タイプ」**と言っています。これも知的障害の「ゆっくり」なペースへの無理解によって起こる問題です。

例えば小学3年生で、知的機能は低めの子がいたとしましょう。周囲の大人がその子の特性を理解せず、3年生向けの教え方を続けていたら、どうなるでしょうか。

おそらくその子は、いくつかの教科についてはちんぷんかんぷんな状態になるはずです。親や先生は「3年生なんだから、これぐらいのことはわかるはずだ」と思っている。だから1年生や2年生の学習にまでさかのぼって丁寧に教えようとはしない。でも本人は、教科書の内容がよくわかっていない。子どもと大人の間に、そのようなすれ違いが生じてしまいます。

第1章の事例6（35ページ）のお子さんが、放任タイプに該当します。みんなと同じ場所にいて、同じ授業を聞いているはずなのに、「どの教科も全体的によくわからない」という状態になっていました。しかし、大人たちも本人も「勉強が苦手」だと考えるだけで、補習をするくらいしか対策をとっていませんでした。これは「わかるようには教えてもらえない」という状態です。教育面でネグレクトをされているわけです。

放任タイプの子は、自分の力で日々を生き抜いていくしかありません。事例6のお子さんも、学校を卒業したあと自力で就職しましたが、苦労しています。**放任タイプは自分に合ったやり方を学べないまま育っていくので、どうすればうまくいくのかがわからず、結局、失敗して叱られる経験が多くなりやすい**のです。

事例6：小学校時代に支援を受けられなかったお子さん

■「ゆっくり」の見極めが大事

知的障害の子はゆっくりではありますが、その子のペースでいろいろなことを習得していきます。そのペースを理解すること、つまり「ゆっくり」の見極めが大事です。

子どもを焦らせるのでもなく、ただ待っているのでもなく、その子のゆっくりペースに合わせて教えていく。まわりの人は「**この子にいまちょっと教えたら身につきそうなこと**」を探しましょう。心理学用語でそのようなポイントを「**発達の最近接領域**」と言いま

考え方を「早く」ギアチェンジして、支援を受け始めよう

平均を基準にして子どもを急かしていると、無理をさせてしまうかもしれない

子どもは自分のペースで「ゆっくり」成長していける。その姿をみて親も安心できる

す。**すでに育ちつつあり、少し援助すれば発達していく領域のこと**を指します。そのようなポイントをみつけて教えていけば、子どもの成長をしっかりとサポートできるのです。

先ほどのトイレトレーニングでいえば、自分で排泄の意思を伝えられる幼児であれば、大人がトイレに誘うことで、一人でできるようになるかもしれません。その子にとっては、トイレのしつけが「発達の最近接領域」というわけです。

しかし、「おむつは平均的には何歳で外れる」「トイレは平均的には何歳でできる」といった情報を参考にしすぎると、ポイントを見誤る可能性が高くなります。子どもをがんばらせすぎてストレスをかけ、二次障害を起こしてしまう可能性もあります。平均値に合わせて子どもを育てようとするのはやめましょう。**平均を基準にしない**――これは知的障害や発達障害の有無に関係なく、子育て全般に共通して言えることです。子どもには、一人ひとりそれぞれのペースやタイプがあります。その子のペースやタイプを見極めて育てていくのが、子育ての鉄則だと言えます。

知的障害の子は「早く」支援を開始することによって、その子のペースで「ゆっくり」成長していけるようになります。みなさんには、この2つのキーワードを意識して、お子さんと生活していってほしいと思います。

第4章

「ゆっくり」にみえない子どもたち

【ゆっくりにみえない子をどう支援するか】

■幼児期にある程度しゃべれている子

知的障害の子は、発達がゆっくりです。まわりの大人が早くそのことに気づいて、対応していければいいのですが、なかには「ゆっくり」にみえない子もいます。

例えば、幼児期にある程度しゃべれている子は、知的障害があっても気づかれにくい場合があります。生活習慣の習得などが遅れていても、会話はそれなりにできているということで、「発達に問題はない」と思われていることがあるのです。重症度でいうと、軽度知的障害くらいのケースです。境界知能の場合もあります。

特に一人っ子や長男・長女の場合、発達がゆっくりにはみえにくいかもしれません。上の子と比べる機会がないからです。**第1章の事例3**（30ページ）の親御さんは、下の子の発達が上の子のときと比べて「全体的に遅い」ということで、心配して子育て相談を利用していました。過去の経験がなければ、気づくのが遅れた可能性もあります。

■困難があっても気づかれにくい

「ゆっくりにみえない」ということは、困難があっても気づかれにくいということです。それはすなわち、支援を受けにくいということでもあります。

軽度知的障害や境界知能の子は、幼児期に支援を受けられず、小学校でいろいろな問題に直面してから、やっと支援につながる場合があります。学校の授業についていけなくなったり、集団活動で大きな失敗をしたりして、心身の調子が崩れてしまい、医療機関にかかる子がいるのです。不登校になったということで、相談にくる子もいます。

しかし、私はそれでは支援を始めるのが遅すぎると考えています。子どもが強いストレスを受け、傷ついてからサポートをするのでは遅すぎます。

第2章で、境界知能の子は「心理的な負荷がかかった場合や、他の発達障害との重なりなどによって、精神医学的な問題が起きる可能性」があるとお伝えしました。問題が起きる可能性はわかっているわけですから、そうならないように対応するべきです。それは、軽度知的障害の場合でも同じです。

この章では「ゆっくり」にみえない子の支援を解説します。主に軽度知的障害と境界知能の話です。「遅すぎる」支援にならないように、少しでも「早く」支援するために、大人は何をすればいいのかをお伝えしていきます。

軽度知的障害や境界知能の子は発達の遅れに気づかれず、単に「勉強が苦手な子」とみなされがちです。そして**「勉強が苦手な子」は「努力が足りない子」とみなされてしまう**ことが多いです。しかし、そのような考え方が支援のタイミングを遅らせて、子どもを苦しめる要因となっていきます。ゆっくりにみえない子をどう支援するか、考えていきましょう。

【軽度知的障害と境界知能】

■小学校に入って、勉強面で苦労する

中等度以上の知的障害がある場合、幼児期に気づかれやすく、小学校から特別支援教育を受けることもあります。**第1章の事例2**のお子さん（28ページ）は幼児期に中等度の知的障害という診断を受け、小学校では特別支援学級に通っていました。

一方、**軽度知的障害や境界知能の場合、幼児期には気づかれず、小学校で通常学級に入ることも**あります。その場合、入学後に勉強面で苦労することになりがちです。結果として失敗体験を繰り返し、自信を失ってしまう子もいます。本人が毎日を楽しく過ごせているか、学校の授業や活動で達成感を持てることがあるか、丁寧にみていく必要があります。

・軽度知的障害の場合

軽度知的障害の子が、小学校で通常学級の授業についていくのは、簡単ではありません。入学当初から、授業を理解することに苦労する場合が多いです。

小学校低学年くらいまでは、親につきっきりで宿題をみてもらったりして、授業にどうにかついていく子もいます。しかし多くの場合、中学年くらいからはそれも難しくなってきます。時間をかけて各教科の内容を覚えても、何日かたつと忘れてしまっていたりして、本人が挫折を感じることが増えていきがちです。

そうなってしまう前に、なんらかの支援を受けたいところです。知的障害があるこ

小学1年生から親がつきっきりで勉強をみている例

小1の段階で、こんなにがんばらないとついていけないことも……

とがわかれば、特別支援教育を受けることもできます。

・境界知能の場合

境界知能の子も通常学級の授業についていくのは難しいのですが、それでも時間をかけて勉強すれば、ある程度は内容を理解できて、テストで一定の点を取れたりもします。その場合、本人は何を学ぶにしても人一倍がんばっているのですが、その苦労が親や先生にはなかなか理解されません。

大人たちには、むしろ「やればできる子」と思われていたりします。テストでいい結果が出なかったときには「勉強不足」とみなされたりもします。本人はすでに限界まで努力しているのに、親や先生から「もっとがんばって！」と言われてしまうことがあるのです。

このタイプの子は一生懸命がんばっても、いつも同級生よりも少し後れをとるような形になりがちで、自信を持ちにくいです。早く支援を受けて、その子に合ったペースで学べるようにしていきたいところです。

しかし、境界知能では特別支援教育を受けられない地域もあります。境界知能の子は勉

先生から「もっとできる」と言われてしまう子

境界知能の場合、小学校中学年あたりから勉強が苦しくなってきても、
努力が足りないと思われて、理解されないことも

強面で苦労していても、補習を受ける程度のサポートしか受けられないこともあるのです。2024年現在では、そういった地域のほうが多いかもしれません。この問題は、早く解決しなければいけないことだと思っています。

■苦労しているけど、支援につながらない

軽度知的障害や境界知能の子は勉強面で苦労する場合が多いのですが、それがきっかけとなって支援につながるかというと、そうとは限りません。「勉強が苦手」ということで、医療機関に相談にくる家庭は多くないのです。

子どもが、「授業の内容がわからない」「授業中に指名されたとき、うまく答えられない」「先生の指示を聞き逃して、出遅れてしまう」といった場面を何度も経験して困っているのであれば、地域の教育相談窓口や医療機関に相談してもいいのですが、その段階で支援につながるケースは少数です。

この章の冒頭にも書いた通り、子どもが心身の調子を崩したり、不登校の状態になったりしてから、初めて相談窓口を利用するケースのほうが多くなっています。

■「勉強が苦手なだけでは相談できない」という誤解

そのような経緯で相談にこられた親御さんと話していると、「勉強が苦手なだけでは、こういうところで相談できないと思っていました」と言われることがあります。そして、以下のような話になります。

「授業についていけないのは、本人の努力が足りないからだと思っていた」
「勉強時間を増やして、みんなに追いつけるようにしなければ、と焦っていた」
「親が宿題をみるようにして、家庭学習の習慣をつけてきた」
「この問題は、家庭内の工夫で解決していくことだと考えていた」
「でも時間をかけてもうまくいかなくて、困っていた」

このように「**勉強ができないのは努力不足であって、人に相談するようなことではない**」と考えるのは、大きな誤解です。いろいろと工夫をしてもうまくいかなくて困っているのであれば、「勉強が苦手で困っている」ということを相談してもいいのです。

■「勉強が苦手」ということを相談してもいい

確かに、家庭学習の時間を増やすことで、授業を理解できるようになる子もいます。しかし第3章で述べた通り、子どもの発達の仕方やスピードはさまざまです。ゆっくり発達する子もいます。小学4年生のなかには、4年生向けの内容を理解するのに人一倍時間がかかる子もいるのです。

そういう子には「**勉強時間を増やして、みんなに追いつく」というやり方をするよりも、その子のペースで学べるように環境を整えていったほうが、結果として学習も進み、心身の調子も安定する**ことがあります。私は親御さんにそのような話をしています。

「勉強が苦手」という悩みの背景に軽度知的障害や境界知能などがある場合には、医療機関や療育機関で支援を受けることもできます。「家庭で対処しなければ」と思わずに、地域の教育相談窓口や医療機関などに相談してもらえればと思います。

ただ、親御さんが「勉強が苦手なくらいでは相談できない」と考えてしまう気持ちもわかります。医療関係者も、そう考えてしまうことがあるからです。

●「勉強が苦手」で相談していい窓口一覧

・通学先の学校（担任、スクールカウンセラーなど）
・地域の教育相談窓口（教育支援センター、教育委員会など）
・地域の子育て相談窓口（保健センター、家庭支援センターなど）
・医療機関・療育機関

■医療関係者も、誤解していることがある

私は大学病院で、大人の精神科のカンファレンス（診療情報の共有・検討などをする会議）にも出席しています。そこで軽度知的障害や境界知能の方の話が出たときには、「この方は勉強面で苦労してきただろう」という想像をします。実際にそのような経過が確認されて、なんらかの支援が必要だとわかることも多いのですが、カンファレンスでは「境界知能なので知的機能は問題ありません」「学校生活には特に苦労はなかったと思われます」とレポーターが報告することがあります。

医療関係者でも、発達を専門としている人でなければ、「勉強が苦手というのは、医療につながるような大きな問題ではない」と考えることもあるわけです。軽度知的障害や境

界知能の方の困難は、それぐらい気づきにくいことなのです。ですから、親御さんが「これは病院にかかるようなことではない」と感じてしまうのもわかります。しかし今後は「勉強が苦手」ということのとらえ方を変えてもらえればと思います。

【そもそも「勉強が苦手」とは】

「勉強が苦手」ということには、さまざまな側面があります。そのなかにはもちろん、勉強時間が足りないという一面もあるでしょう。しかし、先ほどの相談例のように勉強時間を増やしても、努力や工夫をしても状況が変わらないという場合には、背景になんらかの要因があることも考えられます。

■「勉強が苦手」の4つの要因

十分に時間をとって勉強をしても「勉強が苦手」な場合、背景として大きく4つの要因が考えられます。

①知的障害

知的機能の発達に遅れがあり、年齢相応のペースで学習を進めていくのは難しいというパターンです。周囲の人が年齢にこだわらなければ、本人はゆっくり着実に学んでいけます。周囲の人から「○年生なんだから、よく考えればわかるはず」などと言われる環境では、本人はとても苦労します。

②境界知能

知的障害と同様に、知的機能の発達に遅れがあり、年齢相応に勉強をするのが難しいパターンです。こちらも周囲の人が年齢にこだわらなければ、十分に学習できます。

③学習障害

読み書きや計算など、勉強面の一部に苦手なことがあり、学習が進みにくいというパターンです。知的障害が全体的にゆっくりであるのに対して、学習障害は苦手な領域ではゆっくりですが、得意な領域では学習がどんどん進むこともあります。

例えば、**書くのが苦手で板書に時間がかかるという子**もいます。その子に「黒板の内容をノートに書き写しながら理解しよう」という教え方をしていたら、学習が進みにくくなる可能性があります。それよりも「理解できればＯＫ」ということにして、「話を聞いて理解してもいい」「見て理解してもいい」というふうに、さまざまな方法を提示したほうが学びやすくなります。また、**黒板を写真撮影することを許可して、「あとで写真を見て理解してもいい」**というふうにすると、苦手な面をカバーする工夫になります。

④ネグレクト

子どもには学力があり、時間をかけて勉強をすれば学習が進むのに、適切な教育環境が用意されていないために、学習が進んでいないというパターンです。その子にとって勉強しやすい環境を整えれば、しっかりと学んでいけます。

それぞれに必要な対応は異なりますが、どのパターンでも子どもの特性を理解し、その子に合ったペースや学び方、環境を考えるという点は共通しています。

子どもが「勉強が苦手」で、十分に学べていないのであれば、大人の側が努力や工夫をして、その子が学べるように教えていけばいいのです。

■努力を強いると、メンタルの問題が生じる

子どもが「勉強が苦手」な場合に、周囲の人が背景となっている要因を理解せず、ただ

努力することだけを強いていると、メンタルヘルスの問題が生じることがあります。

背景に知的障害や境界知能、学習障害がある場合、努力をしてもいい結果が出ないことが続き、本人の悩みが深まっていく可能性が高いです。その場合、自己評価が低い状態で固定しやすくなります。親や学校の先生がその自信のなさに気づかずに、「もっとがんばろう！」と圧力をかけていると、本人の自己評価はさらに下がっていきます。その結果として、メンタルヘルスの問題が生じてしまうことがあるのです。うつの症状が出たり、不安が強くなったり、年齢によっては自傷行為が出てしまう場合もあります。

■「逆説的高望み」が出てくる場合もある

なかには「勉強が苦手」ということを本人が意識しすぎて、「逆説的高望み」が出てくる場合もあります。

例えば算数が苦手でずっと苦労してきて、親や先生から「算数だってやればできる」と言われ続けた人が、逆説的に「自分は算数が苦手だから、大学の数学科に行って勉強して、この弱点を克服しなければいけない」と考えてしまうことがあるのです。

また、特別支援学級に通っている子が「自分は有名国立大学に入らなければ、一人前にはなれない」と言い始めるようなこともあります。

勉強面で苦労しているのに、「努力すれば必ずできる」「得意になれるはずだ」といった形で、「不健康な自信」のようなものを持ってしまう場合があるのです。

こういった**逆説的高望みは、大人が子どもを必要以上にがんばらせ、その子の現状を否定し続けた結果として生じてきます。**子どもは周囲の大人たちから否定されすぎると「なんらかの明確な結果を出さなければ、存在を認めてもらえない」と感じてしまうのです。

■勉強にこだわらないほうがいい

軽度知的障害や境界知能の子は、家庭でゆっくり日常生活を送っていく分には、基本的には大きな問題は起こりません。しかし学校の勉強を学年相当のレベルやペースで進めていこうとすると、その点では厳しくなってくる場合が多いです。勉強面でみんなに追いつかせることを目標にすると、どこかで本人がつらくなり、メンタルヘルスの問題が出てくることがあります。それは「**勉強が苦手**」**というよりは、**「**勉強が合っていない**」**状態**だと言えます。その場合、**必要なのは努力ではなく、目標や環境の調整**です。

勉強の仕方を調整するとともに、勉強だけで成果を出すことにこだわらないで、家庭生活や学校生活全体のなかで、本人が興味を持てること、得意とすることを探してみたほうが、その子の成長や自信につながるのではないかと思います。

■自分のペースで学習した子の場合

大人が勉強や宿題、成績、テストの点数にこだわるのをやめて、子どもが自分のペースで学習できるようにサポートしていくと、その考え方が本人にも少しずつ影響していきます。子どもが勉強面で、自分を人と比べなくて済むようになっていく場合が多いです。

もちろん、それでも人と比べることがなくなるわけではありません。人間は誰しも、自分と人を比べるものです。子どもが友達をみて、うらやましいと思うこともあるでしょう。しかし、誰かを「いいな」と思っても、そこで「まあ、自分は自分のやれることをやろう」と思えれば、人をうらやむ気持ちを引きずらなくて済みます。

マイペースに学ぶこと、何かに興味を持って楽しむことを保障されて育った子は、「このやり方ならわかる」「自分にもできる」「これが好きだ」「もっと知りたい」と感じるような経験を積み重ねていきます。それによって、自分の活動への自信が少しずつ育っていき、人をうらやむ気持ちや高すぎる目標には、とらわれにくくなっていくのです。

■厳しいペースで学習した子の場合

一方、本人にとって厳しいペースで勉強してきた場合、子どもは無力感を持ちやすくなってしまいます。

例えば、軽度知的障害や境界知能の子が通常学級だけに通っている場合、授業についていくのは簡単ではありません。みんなのうしろから、必死に追いついていくような形になりがちです。そのような場面を何度も経験していると、子どもが「自分はいつもダメだ」「みんなに追いつけなくて情けない」と考えるようになっていくことがあります。

あとになってから特別支援学級で支援を受けることなどもできるのですが、そのときには無力感が強くなっていて、「**自分はみんなについていけなかったから、〝島流し〟になったんだ**」といった発言をする子もいます。当初の目標を達成できなかったということで、あたかも〝落ち武者〟のような感覚になってしまう場合があるのです。

■物心つく前から、自分のペースで学べるように

私は、軽度知的障害や境界知能の子は物心つく前から支援を受けて、自分のペースで、本人にとって居心地のいい環境で学んだほうがいいと考えています。最初から支援を受け

ていれば、子どもはそれが当たり前だと感じます。

もちろん、あとになって**「自分はどうして他の子と違うんだろう?」**と疑問を持つこともあるでしょう。しかし居心地のいい環境で育ってきた子は**「でも、自分にはこれが合っているな」**とも思ったりすることのほうが多いように思います。

物心つく前からそういう環境を整えることができれば、子どもが勉強への苦手意識を持たないで、健康的に育っていける可能性が高いのです。

■「自己肯定感」が育つ条件とは?

私たちはよく「自己肯定感」という言葉を使いますが、「逆説的高望み」のようなものではない、**本当に健康的な自己肯定感というのは、子どもの達成感が、親や学校の先生の期待を上回ったときに育つもの**です。これは科学的なエビデンスに基づく話ではありませんが、経験的にはそのように強く感じます。

親や先生が子どもに対して「目標はこのくらいで十分だろう」という現実的な見通しを持っていれば、子どもがそれ以上にうまくできることもありますから、褒めやすくなります。子どもも自信を持ちやすくなります。自己肯定感が育ちやすいわけです。

健康的な自己肯定感と
不健康な自己肯定感（逆説的高望み）

低い目標をさくっと乗り越える子と、高い目標（親の期待）にしがみついてヘトヘトになっている子。親の期待がほどほどなら、子どもはそれを乗り越えて自分で自信をつけていく

一方、親や先生が子どもに過度に期待していると、それが本人になんらかの形で伝わっていきます。例えば子どもに苦手なことがあって、大人たちがそれを克服させようとして期待をかけていくと、子どもが「自分には足りないところがあるんだ」「このままじゃダメなんだ」と感じてしまう場合があります。

さらに言えば、苦手なことなので、がんばってもうまくいかないことも多いです。大人はその様子をみて落胆します。褒めにくくなります。子どもはその反応を肌で感じて、自己評価を下げていきます。自己肯定感が育ちにくくなっていくわけです。

そういう関係のなかで、子どもに「やればできる」「もっと自信を持って」などと声をかける人もいますが、その声かけこそが、子どもの自信を下げているのだということに気づいてください。

■子どもには教育を受ける権利がある

子どもには、十分に理解し、吸収できるような教育を受ける権利があります。そのために必要な配慮があれば、大人にはそれを実施し続ける義務があります。それが教育の基本的な考え方です。子どもが「勉強が苦手」というのは、その子の学習スタイルと大人の教え方が合っていないということだと言えます。

「**勉強が苦手」という悩みを解消するためには、その子に合った教育を考えていく必要があるということです。**

その子の「苦手」の背景を理解し、その子のタイプやペースに合ったやり方を考える。学年を基準にしたり、過度に期待をかけたりしないで、子どもが自己肯定感を持てるようにする。そう心がけながら、学習環境を見直していきましょう。

反対に、**大人が「もう何年生なんだから」「これくらいはできるでしょう」といった声かけをしていると、子どもへの要求水準が不必要に高くなっていきます。**子育てに関わる大人は、そのような言い方・考え方を絶対にしないようにしてほしいと思います。

【勉強が苦手な子にどう教えるか】

■「その子に合った教え方」とは?

では、「その子に合った教え方」とは、どのようなものなのでしょうか。勉強が苦手な場合に、どうやって教えていけばいいのか。これは正解のない問いです。子どもをよく観察して、その子の特性を理解しながら、じっくり考えていくしかありません。子どもは日々成長していくので、一度うまくいった方法がその後はフィットしなくなることもあります。

この問題に対して「軽度知的障害の場合はこうすればいい」「境界知能の子にはこの方法が一番」といった、わかりやすい答えはありません。ただ、**子どもに合った教え方を考えるときの基本**をお伝えすることはできます。ここではその「基本」を解説していきます。

■小4で小1相当の勉強をすることもある

軽度知的障害や境界知能の子は学校で、自分よりも下の学年の学習内容に取り組むことがあります。例えば小学4年生で、1～2年生相当の足し算や引き算を解いていることもあります。特別支援学級や通級指導教室などでそういった課題を個別に設定され、「自分に合った勉強」として、取り組んでいる場合があるのです。

大人はそのような姿をみると、「4年生でこんなに簡単なことをやっていて、大丈夫だろうか」と思ってしまうことがあります。「勉強が苦手だからといって、4年生の勉強をしなくていいのか」と思う人もいるかもしれません。

しかし、これまでにも繰り返し述べている通り、子どもには一人ひとりそれぞれの発達の仕方やペースがあります。発達がゆっくりで、小学4年生で足し算や引き算を学ぶのがちょうどいい子もいるのです。

■無理やり学んでも、定着しにくい

子どもにもよりますが、軽度知的障害や境界知能の子のなかには、同年代の子の2～3倍くらい時間をかけて勉強をすると、平均的なペースについていける子もいます。特に年齢が低いうちには、そのようなことが起こり得ます。

しかし、それは一時的な習得になってしまうことが多いです。そのときは理解して問題を解いていても、次の日や2日後に同じことをやってみると、わからなくなっている場合があるのです。

平均的な子どもの場合、そこまで時間をかけなくても内容を理解して、問題を解くことができます。そして1週間くらいたっても学んだ内容を覚えています。身につけた学力が残っているわけです。

軽度知的障害や境界知能の子の場合、平均的な内容を学ぶのが難しいわけですが、その背景には「学習するのに人よりも時間がかかる」という側面と、「学んだことが人に比べて定着しにくい」という側面があります。

■「一夜漬けの試験勉強」と同じ

軽度知的障害や境界知能の子について、**「難しいことを学んでも定着しにくい」**という話をすると、「勉強時間が足りないのでは」と言われることがあります。

しかしそれは軽度知的障害や境界知能の子だけではなく、誰にでも当てはまることです。この本を読んでいるみなさんのなかには、学生時代、テスト前に一夜漬けで試験勉強をした経験がある人も多いと思います。そのとき、一度は覚えたことを、テストが終わったらあっという間に忘れてしまったという経験をしませんでしたか？

それも「難しいことを学んでも定着しにくい」という話の一例です。自分には難しいことでも、時間をかけて必死に覚えようとすれば、一時的には頭に入ります。しかしそれで学習が定着するとは限りません。**詰め込み式で無理やり勉強しても、適切な学習にはならないこともある**のです。

■「時間をかければできる」は幻想

世の中には、勉強が苦手な子どもに対して「**どんな人でも時間をかけて繰り返し量をこなせば、必ずできるようになるから**」と声をかける人がいます。

しかし、そのような理念は幻想です。妄想と言ってもいいかもしれません。人間の能力には個人差があります。どんなに時間をかけても、できないこともあります。

この幻想の権化と言えるのが、学校の宿題です。私は「**宿題は百害あって一利なし**」と考えています。誤解を避けるために少し補足しておくと、**私が言いたいのは「全員に一律**

の宿題を出すこと」には、いい面が一つもないということです。

宿題というものは、取り組むことによって学力が定着するようなものでなければ、やる意味がありません。しかし「学力が定着するようなもの」であるためには、その内容は一人ひとり違うはずです。学習のために必要な課題というのは、子どもによって量も違えば、レベルも違います。内容も違っていていいはずです。しかし、なぜか多くの学校で、全員に同じ宿題が課されています。

その宿題がたまたまぴったり合った子どもは、学習できるかもしれません。しかしその内容をとっくに理解している子にとっては、やっても意味のない課題になります。また、軽度知的障害や境界知能の子どもには、平均的な宿題は難しすぎるでしょう。

全員に一律の宿題というのは、たまたまフィットしたごく一部の子ども以外にとっては、やっても効果のない、ただの苦役でしかないということです。

子どもは「やらなくてもできること」や「やってもできないこと」を強要されれば、ストレスを受けます。イライラして、親や先生とケンカになってしまう子もいます。その結果として、日本全国で宿題を原因とするメンタルヘルスの問題が起きているわけです。

多くの子どもにとって、学習にはつながらず、家族関係の悪化にはつながりやすい。全

員に一律の宿題は、「百害あって一利なし」です。

■「定着しやすい学習」を目指す

子どもに合っている学習というのは、その子にとって定着しやすい学習のことです。全員に一律の宿題を出すのではなく、一人ひとりに応じて、個別に必要な課題を設定すること。これに尽きると思います。

学習する内容やレベルをその子に合わせて調節することも必要ですが、その際、本人が興味を持って取り組める手法や、その子が得意とする手法をとり入れることも重要です。例えば、子どもが文字の読み書きにあまり興味を示さない場合に、その子の好きな動物や乗り物、キャラクターなどが出てくる教材をみせると、勉強に集中できる時間が延びることもあります。

そして目標を設定するときには、子どもが少しの努力で、短時間で達成可能なことをゴールにしましょう。私は**子どもの課題を考えるとき、「1~2回教えたら、それが定着するかどうか」を目安に**しています。

■「1～2回教えたら定着する」を目安に

第3章（112ページ）で「発達の最近接領域」という心理学用語を紹介しました。これは子どもの「すでに育ちつつあり、少し援助すれば発達していく領域」のことを言います。そういうポイントを探すことで、ちょうどいい課題を設定できるようになるという話をしました。

学習も同じです。**学習というのは、「少し教わったら翌日くらいには身についていて、あまり忘れないこと」に取り組むのがベスト**です。「やらなくてもできること」や「やってもできないこと」ではなくて、「やれば身につくこと」に取り組むのがいいわけです。それを考えるときの目安が、「**1～2回教えたら、それが定着するかどうか**」です。

「この子にはこういう課題が合ってそうだな」ということがみえてきたら、まずはそれを提示してみましょう。子どもが興味を持って、その課題に食いつくかどうかを見守ります。**本人が進んで取り組むようなら、少し教えてみて、次の日や2日後に身についているかを確認**します。同じような課題をやらせてみて、できるかどうかを確認するといいでしょう。

確認してみて定着していたら、ちょうどいい学びになったということです。まだ定着していなくて「まだ早かった」「難しかったな」と感じるようであれば、その内容はしばらく教えないで後回しにしましょう。

【「難しいことは後回し」でいいのか】

■「後回し」をためらわないほうがいい

「やってみて難しかったことは、まだ教えなくていい」「後回しでいい」と言うと、**「後回しにして大丈夫なんですか？」**と聞かれることがあります。「いつかはできるようになるのでしょうか？」という質問も受けます。

後回しにしたことのなかには、しばらくたってからもう一度トライしてみると、できるようになっていることもあります。一方で、時間がたってもできないこともあります。ですから「後回しにしたことも、いつか必ずできるようになる」とは言い切れません。

しかし、それは私たち大人にも当てはまることです。大人にも、例えば仕事でやっている作業のなかに、すぐに身についたこともあれば、何年やっても苦手なこともあります。なかにはどうしても上手にはできなくて、いつも人の手を借りているというような作業もあるのではないでしょうか。

人は誰しも、完璧ではありません。子どもにも大人にも、できないことはあります。**「時間をかけても身につかないこと」を無理にやり続けるのは、時間の無駄です。そのうえ、ストレスのもとにもなります。**苦手なことやどうしても身につかないことは、人の手を借りて済ませてもいいはずです。できないことに対しては、補完的なアプローチをすることをためらわないほうがいいでしょう。

■将来を心配する人が多いけれど

軽度知的障害や境界知能の子を育てている親御さんと話をしていると、お子さんの将来が心配だという話になることが多いです。

例えば、親御さんから、

「子どもには一人でも生きていけるようになってほしい」

「そのためには、自分が元気なうちに大事なことを全部教えておかなければ」

といった話を聞くことがあります。

そうおっしゃる気持ちはわかります。軽度知的障害や境界知能の子は多くの場合、勉強面だけではなく、さまざまな生活習慣の習得にも苦労します。年齢相応のことができなく

大人も支え合って生きている

て、家族の手伝いを必要とすることもあります。子どもが苦労する姿をみていたら、本人のできることを増やして、将来の苦労を少しでも取り除きたいと思うでしょう。「難しいことは後回しに」とは、なかなか考えられないかもしれません。

■「一人で生きていく」を目標にしなくていい

しかし、私は子育てにおいて「一人でも生きていけるように」ということを目標にしなくていいと考えています。これは知的障害がある場合も発達障害がある場合も、特に障害がない場合も同じです。**なぜなら、人間はそもそも一人で生きていかなく**

てもいいからです。

私自身もそうですが、**誰にでも、まわりの人に頼っている部分があります。**何もかも自分でできるようにして、誰にも頼らず一人で生きているという人は、ほとんどいないのではないでしょうか。自分でできることや得意なことはしっかりと実行しながら、できないことや苦手なことは人に手伝ってもらう。多くの人は、そうやってバランスをとりながら生活をしているはずです。子どもの将来も、同じように考えていいと思います。

■例えば「お金の使い方」を教える場合

将来を考えるということで言うと、例えば、軽度知的障害の子が算数の学習で苦労する様子をみて、親御さんが将来のことを心配し、小さいうちからお金の使い方などを少しずつ教えていこうとすることがあります。

そのとき、子どもの理解力に合った教え方ができていれば、問題はありません。第3章で子どもに買い物の仕方を教える例（103ページ）を紹介しましたが、あの例のような形で、子どもがすでにできていること、すぐに習得できそうなことを中心として、お金の使い方を少しずつ教えていくのはいいと思います。

しかし、そこで「この話がわかるなら」と思ってレベルをどんどん上げていくと、その子にはまだ難しいことになっていく可能性があります。例えば「自分で金額を計算できるように」「残高を管理できるように」といった形で金銭管理まで教えていこうとすると、厳しくなるかもしれません。

何かを教えようとするときには、それが子どもの理解できること・習得できることかどうかをよく考える必要があります。そのときに「1～2回教えたら、それが定着するかどうか」を目安にすると、課題を設定しやすくなるのです。

■難しいことは人に手伝ってもらう

子どもには「1～2回教えたら、定着すること」を教えていく。難しいことは焦らずに、後回しにする。それが「子どもに合った教え方」を考えるときの基本です。この考え方を基本にしていれば、子どもに無理をさせることはないはずです。

後回しにして、ゆっくり取り組むようにしてもどうしても難しいことについては、周囲の人に手伝ってもらうほうがいいでしょう。そういう意味では「**人を頼るスキル**」を**身につけることも重要**になります。

子どもの頃から「困ったときには誰かに相談する」「できないところは人に手伝ってもらう」といった経験を積んでいくようにすれば、本人が相談の仕方や手伝いの頼み方などを少しずつ身につけていきます。「人を頼るスキル」が備わっていくのです。

最初から本人が周囲に助けを求めるのは難しいので、まずは親や学校の先生がサポートして、「ヘルプの出し方」を教えましょう。段階を追って少しずつ、本人が自分でまわりに相談できるようにしていきます。そうすることによって、何もかも一人でできなくても生きていける環境が整っていくのです。

「人を頼るのも大事」という考え方は、私がオリジナルで提唱したことではありません。知的障害や発達障害の子を支援している人たちには、同じように言っている人が昔からたくさんいます。支援者の間では、昔から重視されてきたことなのです。

■「人を頼るスキル」も練習していく

子どもが社会で生きていくために必要な力を、その子が習得できるやり方で教えていく。習得が難しいことに関しては、人を頼る方法も教えていく。そうすれば、一人で生きていけなくても大丈夫です。

この考え方はすべての子に共通して言えることですが、知的障害や発達障害があって、苦手なことや難しいことが多い子にとっては、特に重要な観点となります。

例えば、第3章で例に挙げたように、**知的障害があって金額の計算が難しくても、買い物リストや代金の用意を誰かに手伝ってもらえれば、買い物ができる**という場合もあります。その場合、**重要なのは「自分でできることは何か」「人に手伝ってほしいことは何か」を本人がわかっていること**です。

子どもの頃から「人を頼るスキル」を練習していけば、大人になったときに上手に人を頼れるようになる可能性があります。

■将来から「逆算」して練習する

他にも例えば、買い物をするときに、子どもが一人でお店に行くのは難しいという場合もあります。そのなかには「大人になったときにも、その状態は変わらない」という見通しが立つこともあるでしょう。

その場合には、まずは親が一緒に買い物に行くことから始めるわけですが、先々のことを考えて、**親以外の人とも外出できるように練習していくことをおすすめ**します。いずれは親ではなく、ガイドヘルパーさんと買い物に行くこともあるかもしれません。そのときを見越して、「人を頼るスキル」を練習しておくのです。

大人になったとき、「親以外の人とは出かけられない」という状態では、外出時に支援を受けにくくなります。使えるサービスが減ってしまうのです。将来のイメージから逆算して練習しておくことで、そのような問題を予防できます。

■大人になるまでに、支援の受け方を身につける

そういう意味では、**「一人で生きていけること」を目標にするよりも、「一人で何もかもをやろうとしないこと」を目標にしたほうがいい**かもしれません。

知的障害や発達障害の子は、まずは早期支援を受けることが重要ですが、長期的な見通しとして「大人になるまでに、本人が支援の受け方を身につけていくこと」も重要です。

特に軽度知的障害や境界知能の場合、「ゆっくり」にみえにくく、支援を受けづらい側面があります。困っていることがあれば早く相談して、「どんな支援が必要なのか」を本人も親御さんも、少しずつ知っていくようにしましょう。

第5章

「ゆっくり」な子どもの育て方

【子どもの発達が気になると思ったら】

この本では、子どもの発達に気になるところがある場合、1～5歳ぐらいの乳幼児期から早期支援を受けることをおすすめしています。しかし親がその時期に子どもの知的障害や発達障害の特性に気づくことは難しいかもしれません。

子どもに中等度以上の知的障害があり、運動発達や言葉の発達に明らかな遅れがみられる場合には、親が気づくこともよくあります。しかし第4章で述べたように、軽度知的障害や境界知能の場合、乳幼児期には発達が「ゆっくり」にはみえないことも多いです。

乳幼児期には、医師や保健師など発達にくわしい専門家からなんらかの話を聞き、知的障害や発達障害の可能性に気づくことのほうが多いかもしれません。

第5章では、子どもの「発達が気になる」と思ったとき、何をすればいいのかを解説していきます。

■専門家に相談して、支援を受け始める

知的障害や発達障害の可能性に気づくタイミングは、家庭によってさまざまです。親が気づいて、いろいろな情報を少しずつ調べていくケースもあれば、乳幼児健診などで指摘を受けるケースもあります。

「発達が気になる」ということをインターネットなどで調べていると、「発達の遅れ」「障害」といった言葉を目にすることもあります。そのような言葉を受け止め、理解していくのは、簡単なことではありません。

親御さんが「ゆっくり」に気づき、受け止めていくとき、私は診察室でさまざまな話をしています。この章では私が日頃、親御さんたちと話していることをお伝えしていきます。発達がゆっくりだということをどう考えるか。ゆっくりな子を育てていくうえで、何を大事にするのがいいか。ゆっくりな子どもの育て方を、一緒に考えていきましょう。

子どもの「発達が気になる」ことを親だけで抱え込み、対応していくのは難しいと思います。「発達が気になる」と感じたら、医療機関や療育機関などで専門家に相談し、早期支援を受けましょう。専門家に相談すると、さまざまな助言や情報提供を受けられます。この章では、そのような支援の受け方や具体的な支援の内容なども説明していきます。

【「ゆっくり」だと気づいたら】

■知的障害が早期発見されるきっかけ

子どもの知的障害が早期発見されるきっかけが、いくつかあります。

①病理的要因

一つは、知的障害の病理的要因となる病気がある場合です。例えばダウン症候群がある場合には知的障害を伴う可能性が高いため、医師はそのような見通しを持って診察しています。その結果として、知的障害が早期発見されることがあります。

②運動発達の遅れ

運動発達の遅れをきっかけとして知的障害が早期発見されることもあります。例えば寝返りやハイハイ、歩くことなどが遅れている場合です。体の発達などを調べていくなかで、知的障害がわかることがあります。

③言葉の遅れ

言葉がなかなか出ない・増えないということも早期発見のきっかけになります。例えば、乳幼児健診のときに言葉やコミュニケーション、対人関係の発達に遅れがみられ、フォローアップを受けていくなかで、知的障害の診断につながることがあります。

■乳幼児健診で気づかれることが多い

日本では基本的に、子どもが1歳になるまでの数回と、1歳半のとき、そして3歳のときに乳幼児健診が実施されています。健診では子どもの身体計測・診察などが行われ、精神発達や運動発達も確認されます。子どもに「運動発達の遅れ」や「言葉の遅れ」がある場合には、その際に気づかれることが多いです。

乳幼児健診の形式は地域によって異なりますが、知的障害や発達障害にくわしい医師や保健師が担当している場合には、1歳半の段階で知的障害はある程度わかります。軽度知的障害や境界知能くらいの状態は健診ではまだ気づかれない場合もありますが、中等度以上の知的障害は1歳半の健診で気づかれることがよくあります。自閉スペクトラム症の特性も、1歳半健診で気づかれることが多いです。

■親はその段階ではピンときていない

医師や保健師は1歳半の段階でも子どもの発達の遅れに気づくことがあるわけですが、親はその段階ではまだピンときていないことが多いです。乳幼児健診で「発達が気になる」と言われて、驚いてしまう人のほうが多いかもしれません。

乳幼児期の発達には個人差があります。子どもの運動発達や言葉の発達に遅れがあっても、まだそれほど気にしていない親も多いのです。

1歳半の子どもの「これができる」「これができない」は、挽回可能なものに思えたりもするものです。例えば「なかなか歩かない」「言葉が出ない」ということがあっても、対応次第で改善できるように思えたりします。

そのため、健診で「発達が気になる」という話になり、保健センターなどで引き続きフォローアップを受けるようにすすめられても、その支援につながらない家庭もあります。

■ピンとこなくても、支援を受け始める

親が子どもの発達に「特に問題はない」と感じている場合には、医師や保健師から「発達が気になる」「フォローアップを」と言われても、ピンとこないかもしれません。「そこまでする必要はない」「家庭でも十分に対応できる」と感じる人もいるでしょう。

しかし、**早期発見・早期支援のポイントは「支援が必要そうであれば、とにかく支援を受け始める」ということ**です。その段階では、障害があるかどうかは気にしないで、とにかく誰かに相談しながら、子どもの特性を理解していくことが重要です。**支援の流れにひとまず乗って、そのうえで、少しずつ理解を深めていく**という考え方でいいのです。

結果として知的障害や発達障害がわかったら、そのための支援を受ける。障害には該当しないとわかったら、それをふまえて子育てをしていく。どちらにしても早く支援を受けて、子どものことを理解する。それが早期発見・早期支援のポイントなのです。

■早期支援は子どもと親への支援

子どもが乳幼児健診で何か指摘を受けると、親としては「自分がちゃんと教えてこなかったからだ」と感じてしまうかもしれません。しかし、そこで「早くこういうこともでき

るように」と焦って、いろいろなことを教え込もうとすると、子どもに強いストレスをかけてしまう可能性があります。

健診でなんらかの特性がみえてきたのは、親の子育てに問題があったからではありません。接し方や育て方の問題が発覚したのではなくて、子どもの生活が広がるなかで、「なんらかの特性があり、こういうことは苦手かもしれない」「こういう点では発達がゆっくりかもしれない」という特徴がみえてきたのです。

健診後のフォローアップというのは、その気づきをくわしく確認していくためのプロセスです。フォローアップでは保健センターなどのスタッフが、親が子どもへの理解を深め、その子に合った育て方を考えていくことを支援します。早期支援というのは子どもへの支援でもあり、親への支援でもあるのです。

「どうやって教えればいいいんだろう」と悩み、焦っている人にこそ、フォローアップを受けてほしいと思います。

■園の先生が気づくこともある

親が子どもをみていて「発達が気になる」と感じる場合や、乳幼児健診で気づかれる場

長野県および山梨県の保育園・幼稚園における神経発達症が疑われる子どもの実態調査

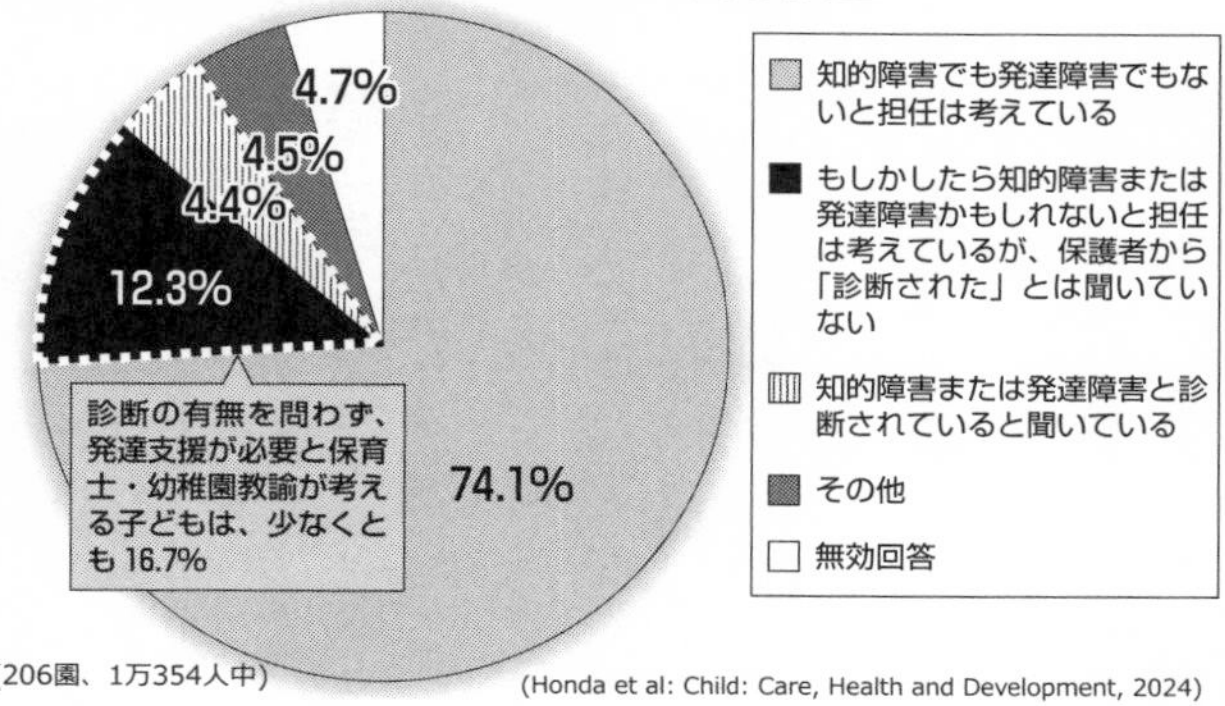

(206園、1万354人中)

(Honda et al: Child: Care, Health and Development, 2024)

合以外に、保育園や幼稚園の先生が多くの子どもたちをみているなかで、「この子の発達が気になる」と感じる場合もあります。

２０２０年度に私の研究室が中心となって、山梨県と長野県で幼児の知的障害や発達障害に関する実態調査を行いました。両県には当時、３歳〜５歳の子どもがおよそ５万人いたのですが、両県内２０６か所の保育園・幼稚園にご協力していただき、そのうち１万３５４人の子どもたちについて調べることができました。

その調査では、園の先生方が「知的障害や発達障害かもしれない」と思っているお子さんがどれぐらいいるのか、そして先生方が親御さんから「実際に診断を受けた」と聞いているケースがどれぐらいあるのかを調べました。

結果は**「知的障害や発達障害かもしれない」お子さんが1274人で、全体の12・3%**となりました。診断情報が共有されているお子さんは457人で全体の4・4%でした。この調査では「知的障害や発達障害かもしれない子」と「診断を受けている子」は重なっていません。両者を合計すると、**園に通っている子の16・7%は「発達が気になる」または「診断がある」ということになりました。およそ6人に1人という割合**です。

もちろん、「発達が気になる」12・3%のお子さんたちが全員、知的障害や発達障害の診断を受けることになるとは限りません。この調査の結果は、あくまでも園の先生方の見立てです。しかしこの12・3%のなかには、第1章の事例4や6のように「特性に気づかれず、支援を受けられなくて苦労している子」もいるのではないでしょうか。

■情報共有できれば、支援につながる

園の先生方はお子さんをみて「知的障害や発達障害かもしれない」と感じた場合に、その子の特性を思い当たる範囲で親御さんに伝えることもあります。実態調査では、そのようなやりとりをしているかどうかも調べました。

「知的障害や発達障害かもしれない」子どもたち1274人のうち、約6割に当たる775人については、特性を保護者に伝えていないという結果になりました。「発達が気になる」と感じていても、それを保護者に伝えるのは難しいということが読み取れます。

しかし、保育園や幼稚園での生活の様子から、子どもの発達が「ゆっくり」であることに早期に気づければ、それも早期支援につながるきっかけとなります。保護者と先生たちのやりとりが増えれば、子どもが困る場面、苦労する場面を減らせるかもしれません。

これまでにもお伝えしてきた通り、**子どもの特性に気づいて専門家に相談するのは、ネガティブなことではありません。子どもへの理解を深め、その子に合った子育てを考えていくきっかけになります。**

この本を読んでいるみなさんには、子どもの特性を伝え合うのは、その子が毎日を安心して過ごせるようにするための一歩なのだと意識して、情報共有をしていただければと思います。ただし、親と園の先生たちとの間に信頼関係がなければ、そういった情報共有をするのは難しいでしょう。日頃からさまざまな連絡を交わして、信頼関係を築いていくことも重要になります。

【「ゆっくり」を受け止める】

■気づくタイミングはさまざま

重度や最重度の知的障害がある場合には、発達の遅れに親も気づきやすく、早期支援につながりやすいです。遅れが明らかで、支援につながらざるを得ないとも言えます。その場合、生活上の困難が多くて将来がとても心配になるという面もありますが、一方で、早くから支援を受け、子どもの状態を早く理解できるという側面もあります。

中等度の知的障害も、幼児期に気づかれて支援につながることが多いです。親が発達の遅れに気づいて早期に専門家に相談している場合もあれば、乳幼児健診などで指摘を受けて気づいていく場合もあります。

一方で、軽度の知的障害や境界知能の場合には、親が気づくというよりは、健診や保育園・幼稚園での生活をきっかけとして発見されるケースも多いです。幼児期には気づかれず、小学校に入ったあとでわかってくる場合もあります。

気づくタイミングの違い

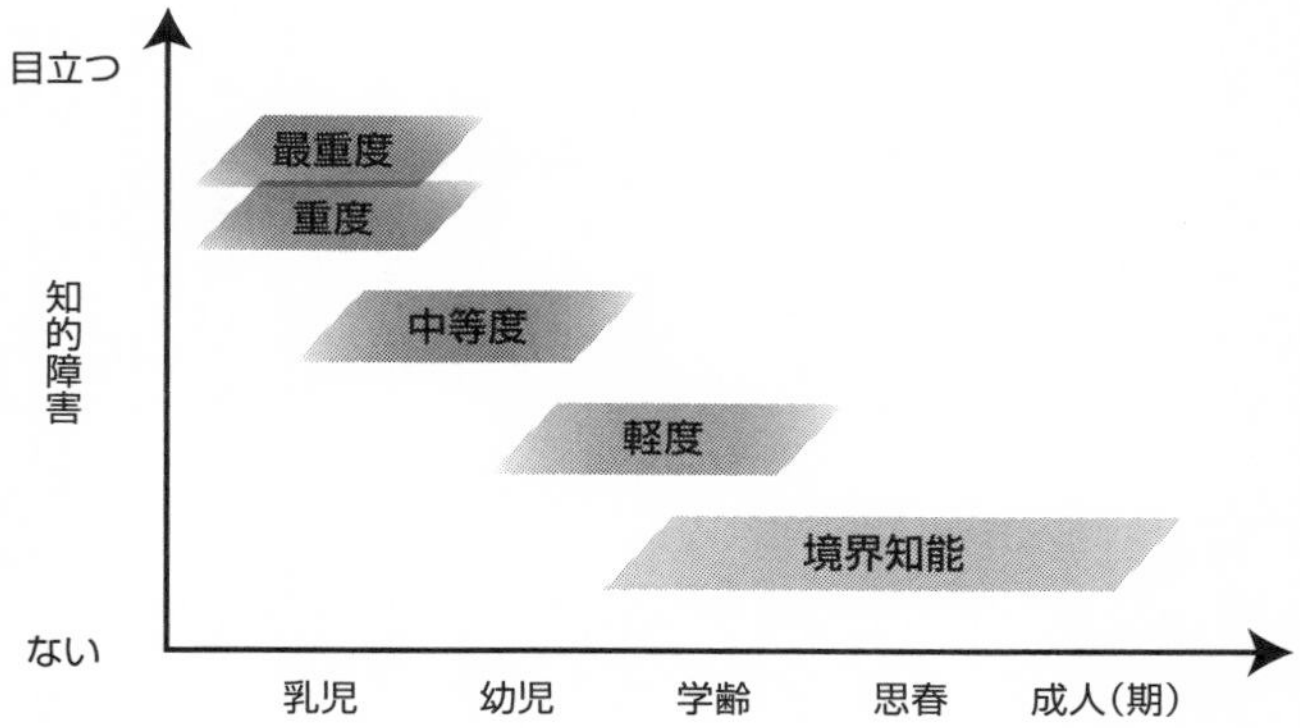

■受け止めるのには時間がかかる

発達が「ゆっくり」であることに気づくタイミングは家庭によってさまざまですが、親としては子どもの発達の遅れを特に感じていないのに、健診などで「発達が気になる」と言われた場合、すぐに意識を切り替えるのは難しいと思います。

その後、親子で医療機関や療育機関などに行っていろいろと話を聞いたり、検査を受けたり、診断がついたりするなかで、少しずつ理解が深まり、意識も変わっていく場合が多いのですが、そのプロセスには時間がかかります。

ある親御さんは「発達の遅れを受け止めて理解するまでに数年かかった」とおっしゃっていました。それぐらい時間のかかることなので、この本でも知的障害や発達障害のことを、じっくり丁寧にお伝えしています。

■一般的な子育てから、やり方を切り替える

私は、子どもの知的障害や発達障害の特性を理解することを、ギアチェンジのようなものだと考えています。この話は拙著『子どもの発達障害』（SB新書）にも書きましたが、障害の特性を受け止めていくうえで重要な話なので、ここでもお伝えします。

多くの親は、基本的には子どもを「ふつう」に育てようとしています。一般的な子育ての情報を参考にして、ときには平均年齢のような目安も意識しながら、子どもを育てていきます。もちろん、そのペースが合う子もいます。しかし知的障害や発達障害がある場合には、「ふつう」「一般」「平均」のやり方では、子どもが苦労することも出てきます。そこで切り替え、つまりギアチェンジが必要になるのです。

一般的・平均的な子育てにブレーキをかけて、一度立ち止まる。そして子どもの特性を理解することにじっくり時間をかける。特性がみえてきたら、その子に合ったペースやタイプのやり方に切り替えていく。これが**子育てのギアチェンジ**のイメージです。

「ギアチェンジ」というと、ひと手間でできるような印象もありますが、先ほども述べた

通り、意識の切り替えに数年かかったという親御さんもいます。子育てを切り替えるというのは、簡単なことではありません。

■切り替えをサポートするのが専門家の仕事

親はさまざまな悩みや迷いを抱えながら必死で取り組んできた子育てを、切り替えることになります。しかも、子どもの発達が平均に比べて「ゆっくり」だということを受け止めながら、子育てのペースを落としていくわけです。

私はその切り替えを、大変なことだと思っています。ですから診察室でもお子さんの特性をじっくり伝えますし、今回のような本を書いて、知的障害や発達障害のことをみなさんにできるかぎり丁寧にお伝えしようとしています。しかしそれでも、切り替えには時間がかかると思います。

私はその切り替えをサポートすることが、専門家の仕事の一つだと考えています。**医療機関や療育機関で早期支援を受けることは、子育ての切り替えのサポートになる**はずです。だからこそみなさんに、早期支援を受けていただきたいのです。

子育てのギアチェンジという大変なことに、家族だけで取り組むのではなく、専門家のサポートも受けていただければと思います。

■切り替えるのは「あきらめる」ことでもある

障害の特性を理解する、子育てを切り替えるというのは、ある意味では「あきらめる」ということでもあります。

子どもの能力を平均的に伸ばす、あるいは平均以上に伸ばすことをあきらめて、その子らしい発達を見守っていく。そして、子どもが情緒的に豊かな生活を送っていくことを保障する。目指すところを「能力」から「安心」に切り替えるわけです。

子どもが「ふつう」に、平均的に成長していけば、大人としては安心できるかもしれません。しかし、**発達が「ゆっくり」な子に対して常に平均的なスピードを求めていたら、その子はストレスを受け、情緒的に不安定な生活を送ることになるでしょう。大人は安心できても、子どもは安心できなくなるわけです。**

能力を限界以上に伸ばそうとして情緒的に不安定な生活を送るか、能力を無理に伸ばそうとすることはあきらめて情緒的に豊かな生活を送るか。どちらを選ぶかという話です。

■すべての人がどこかであきらめている

この本では主に知的障害の子どもの話をしていますが、私はすべての人が情緒的に豊かな生活を目指すべきだと思っています。

例えばＩＱ１００の子どもは、知的機能の発達が平均的だと言えます。その子は「ふつう」に、平均的に成長していく可能性があります。しかし、大人がその様子をみて「これぐらいのことができるなら、もっとがんばれば上を目指せる」と言い始めたら、その子にとって厳しい生活が始まるかもしれません。

もちろん、できることを増やしていくのはいいのですが、子どものペースに合わないやり方で、上を目指すことだけを続けていたら、子どもは苦労します。失敗しやすくなり、不安を感じやすくなるでしょう。

子どもには一人ひとりそれぞれの発達の仕方やペースがあり、そのときどきに、少し教われればできるようになる「発達の最近接領域」があります。それを見極めようとせず、とにかく上を目指そうとしていれば、ＩＱがいくつの子どもでも苦しくなっていきます。

この本でお伝えしているのは「知的障害や発達障害の子は無理をしないほうがいい」という話ではなくて、**人間は誰しも、やってもできないことに時間をかけて、自分を追い込**

まないほうがいいという話です。すべての人が、どこかで「あきらめる」ことをしています。自分の特徴を理解することは、誰にとっても重要なことなのです。

【「安心感」を大事にする】

■子育てのベースは「アタッチメント」

子育てや教育は基本的に、ベースに「アタッチメント」があることを前提として成り立つものです。「アタッチメントが形成されている」というのは、子どもが保護者に対して安心や信頼を感じられることを指しています。そのような状態が、すべての発達のベースになるわけです。

この本の冒頭にも書きましたが、子どもの成長にとって「安心できる」ということは、とても重要なことです。特に乳幼児期から学齢期の中盤ぐらいまでは、子どもが日常生活のなかで心配事がない状態をつくれるかどうかが極めて重要になります。

一般的には「親子関係がいい」ということが大きな安心材料になりますが、例えば離婚している家庭の子どもや、身寄りがなくて施設に入所している子どもは安心感が持てないのかというと、そうではありません。親子関係に限らず、安心できる環境が保障されているかどうかが重要です。

■能力主義ではベースがうやむやに

子どもが変にストレスをため込まずに、安心して生活できること。それが情緒的な基盤となり、その子の成長の前提となります。子育てや教育というのは、まず安心感が十分に保障されている環境があって、そのうえで初めて「どんな課題に取り組むか」という話に進めるものなのです。

ところが、知的障害や発達障害の子の話をしていると、情緒的な基盤のことはうやむやになったままで、それよりも「どうやって遅れを取り戻すか」「みんなに追いつけるようになるか」といった話になることがあります。

なぜそんな話になるのかというと、**能力主義で子どもをみている人**がいるからです。能力主義で「これはできるかどうか」「できるようにがんばらせよう」というふうに考えて、安心できる環境を保障しないまま、子どもになんらかの練習をさせている場合があるのです。そのような対応が、**二次障害を引き起こすきっかけ**となっています。

「アタッチメント（＝安心感）」のベースがあるとがんばれる

■ベースに安心感がある子は成長していく

先ほど述べた通り、平均的な知的機能の子も知的障害の子も、自分に合わないペースでがんばっていたら、なかなか安心できません。不安な気持ちを抱えて、無理をしていれば、当然うまくいかない場面が多くなります。大人が能力主義的に考えていたら、子どもの失敗が増え、そして心配事も増えるのです。

先ほど、子育てを切り替えるのは「あきらめる」ことだと述べましたが、それは高すぎる目標に向かって、無理をさせるのをやめるということでもあります。いい意味で「あきらめる」わけです。

まず、安心できる環境を保障する。そのうえで、子どもに合った課題を考える。大人がその順番で子育てをすれば、平均的な知的機能の子も知的障害の子も、その子のペースでやっていけます。生活のベースに安心感がある子は、ＩＱがいくつでも、その子らしい形で成長していくのです。

■学歴にこだわると能力主義に傾きやすい

私は知的障害や発達障害の臨床を長く続けてきましたが、**親御さんの学歴へのこだわり**

が強い場合には、お子さんにも高い目標を設定することが多いように感じます。その目標を達成しようとして、療育教室や習い事にいくつも申し込んで子どもを通わせたりします。その結果として、二次障害が起きてしまっているケースもしばしばみられます。

一方で、親御さんがそれほど学歴や成績へのこだわりが強くない場合、むしろお子さんが安心して育っていることがよくあります。そういうご家庭の親御さんは「うちは特別なことは何もしていませんけど」とおっしゃったりします。親御さんが「特に何もしていない」と感じるくらいのほうが、お子さんが安心できるのかもしれません。

そのような傾向から考えても、やはり学力や成績、学歴などにこだわらず、子どもに合ったペースを理解していくことが重要なのだと思います。

■子どもの安心は、親の安心にもつながる

早期支援を受けて生活が安定しているご家庭の話を聞いていると、お子さんが高校生・大学生くらいの年代になってきたときに、知的障害のある子よりも「きょうだいのほうがよっぽど大変です」と言われることもあります。

知的障害のあるお子さんについては早くから支援を受けて、その子の特性を少しずつ理

解してきた。特別支援学校に入ったので、その子に合ったペースで学べる環境が保障されている。将来の見通しもある程度ついてきている。一方で、きょうだいは定型発達で特に支援を受けていないので、進学や就労など先の見通しが立たず、ハラハラしながら見守っている。そのような話になることがあるのです。

確かに、一般的には子どもが高校生・大学生くらいになると、進路に関する心配事が増えてきます。一方、知的障害の子の場合、早期支援を受けて、将来像から「逆算」する子育てができていれば、先々の見通しがある程度はつきます。

子どもの成長には安心感が重要だということを述べてきましたが、**子どもが安心して成長していける環境があるというのは、親にとっても将来の見通しが立ちやすくなり、大きな安心材料が持てる**ということでもあります。早期支援を受けることは、子どもの安心感だけでなく、親の安心感にもつながるのです。

【支援を受ける】

■どうやって支援を受けるのか

読者の方のなかには、すでに支援を受けているという方もいらっしゃるでしょう。その場合は、引き続き支援を受けながら、その子への理解を深めていただければと思います。

一方で、子どもになんらかのサポートが必要だと感じながらも、まだ支援につながることができていないという方もいらっしゃることでしょう。その場合には、161ページにも書きましたが、**「支援が必要そうであれば、とにかく支援を受け始める」ということをおすすめ**します。この場合の「支援」というのは、広義の支援を意味します。具体的になんらかのサービスを利用するというよりは、**とにかく誰かに相談して、いろいろな話をしながら、子どもの特性を理解していく**ということです。

知的障害や発達障害があるかどうかが不明な場合、どこにどう相談すればいいかわからないこともあると思いますので、ここで支援の受け方や、支援の具体的な内容を説明していきましょう。

■乳幼児健康診査・フォローアップ・子育て相談

すでに何度か述べましたが、**乳幼児健康診査**、特に1歳半健診と3歳児健診が早期支援を受けるきっかけとなることがあります。健診で子どもの発達に気になる点がみつかった場合には、**フォローアップ**を受けるようにすすめられることが多いです。

フォローアップは、必要に応じて保健所や保健センター、子育て支援機関などで実施されます。子どもの発達について、助言や情報提供などを受けることができます。これも広い意味で早期支援と言えるでしょう。子どもの特性の理解につながります。

健診でフォローアップを特にすすめられていなくても、子育てに何か不安を感じているのであれば、地域の**子育て相談窓口**を利用することができます。保健所や保健センター、家庭支援センターなどが主な窓口となりますが、地域によってさまざまな相談機関があるので「○○市　子育て相談」などで検索してみるのもいいかもしれません。

■医療機関・療育機関・児童発達支援

子育ての助言や情報提供を受けていくなかで、子どもの状態をよりくわしく確認するために、**医療機関**を紹介されることもあります。その場合、子どもの発達にくわしい小児科や児童精神科などを受診する形になることが多いです。

診察や検査などを通じて、知的障害や発達障害があることがわかった場合には、医療機関や**療育機関**で継続的に支援を受けていきます。乳幼児期の療育機関には、児童発達支援センターや児童発達支援事業所などがあります。

児童発達支援というのは障害のある子を対象として、その子の特性に配慮した発達支援を行うことです。療育機関で児童発達支援を受けると、子どもの日常生活や集団生活のスキル獲得などをサポートしてもらえます。

なお、療育機関を探すときには、親が見学・参加できるかどうかを一つの目安にするといいでしょう。療育というのは、子どもへのサポートでもありますが、親が子どもの特性を理解する機会でもあります。親が見学・参加できる施設では、親子でサポートを受けることができます。センターや事業所によって力を入れているポイントが違うので、実際に見学・参加してみて、親子に合っている療育機関を探していくのがいいでしょう。

■障害者手帳（療育手帳・精神障害者保健福祉手帳）

知的障害や発達障害がある場合には、**障害者手帳**を取得することができます。障害者手帳には3種類あり、知的障害では**療育手帳**、発達障害では**精神障害者保健福祉手帳が**交付されます。手帳を取得すると、税額控除や医療費の助成、公共料金の割引といった対応が受けられます。手帳の種類や障害等級によって受けられる対応は異なるため、詳細は地域の福祉の窓口で確認してください。

手帳を取得するためには、手続きが必要です。医療機関で知的障害や発達障害の診断を受けても、手帳が自動的に交付されるわけではありません。障害者手帳を取得する場合には自治体に申請し、交付を受ける必要があります。

・知的障害の場合

自治体に申請して必要書類を提出し、知能検査などを受けます。その結果から知的障害という判定が出れば、手帳が交付されます。

申請時に診療情報提供書を提出することもできますが、医学的な診断があっても、行政的な判定は出ない場合もあります。これは第2章でも述べた通り、ＩＱの数値だけで知的障害を判定している地域があるためです。

・発達障害の場合

自治体に申請書や診断書などを提出します。その内容から障害の認定が出れば、手帳が交付されます。発達障害では、申請後に検査などを受ける必要は基本的にはありません。申請には一定の条件があり、例えば、発達障害の「初診日から6ヶ月以上経過していること」などが必要となります。申請したい場合には地域の福祉の窓口や医療機関に相談して、取得条件に該当するかどうかを事前に確認しておくのがいいと思います。

障害者手帳を取得すると、税額控除などの対応の他に、障害者就労（188ページ）を希望することもできます。取得によるメリットを確認して、申請を検討しましょう。

■障害福祉サービス受給者証

知的障害や発達障害がある場合、手帳とは別に**障害福祉サービス受給者証**を取得することもできます。これは名称の通り、福祉サービスを受けるための証明書です。受給者証を取得すると、先ほど解説した児童発達支援や、このあと紹介する保育所等訪問支援、放課後等デイサービス、就労支援などのサービスを利用できます。

これも自治体に申請して取得します。申請には障害者手帳や診断書、医師意見書などが必要です。受給者証の認定基準は、医学的な診断基準や手帳交付の基準とは異なります。手帳を取得していない場合や、知的障害・発達障害の診断を受けていない場合でも、医師意見書の内容によって受給者証を取得できることがあります。

例えば、意見書に「まだ診断は出ていないが、福祉サービスの利用を必要とする」といった記載があれば、その意見にそって受給者証が発行されることもあるのです。子どもがまだ小さくて診断が出にくい時期には、そのような対応もよく行われています。

■保育園・幼稚園・保育所等訪問支援

子育て相談などを通じてわかってきたことを**保育園・幼稚園**にも情報共有して、園生活のなかで先生方から支援を受けることもできます。例えば「子どもにこのような特性があり、こういった配慮があれば活動しやすくなる」という情報を共有します。家庭と園で同じように対応できれば、子どもの生活は安定しやすくなります。ただし、園や先生によって対応できる内容は異なるため、丁寧に相談していく必要があります。

乳幼児期には、保育園や幼稚園への**保育所等訪問支援**を受けることもできます。これは福祉サービスです。発達にくわしい保育士などを園に派遣してもらい、園生活のなかでより専門的なサポートを受ける形になります。利用する際には、児童発達支援と同様に受給者証が必要です。詳細は自治体の子育てや福祉の窓口に問い合わせて、確認してください。

■就学時健康診断・学校・特別支援教育

小学校入学の前に**就学時健康診断**があります。その時期に「発達が気になる」ということがわかり、医療機関や療育機関につながる子もいます。

知的障害や発達障害の子は、**小学校**では**特別支援教育**を受けることができます。これは障害のある子の自立や社会参加などを個別に支援する仕組みです。通常学級でも特別支援教育は行われていますが、通常学級は子どもの人数が多く、個別の支援は少なくなりがちです。特別支援学校や特別支援学級、通級指導教室といった特別な場を利用したほうが、個別の支援を受けやすくなります。

■就学相談・教育相談

特別な場での教育を受けるためには、地域の**就学相談**に行って、子どもの教育的なニーズを確認する必要があります。就学相談で支援の必要性が確認され、教育委員会から「この学校・学級が適当」という判断が示された場合に、特別な場での教育を利用できます。

なお、その判断は決定事項ではありません。教育委員会の判断を受けたあと、最終的には本人と保護者がどうしたいのかを決定します。ただし、教育委員会が「通常学級が適当」と判断している場合に、本人や保護者の希望で別の学校・学級を選ぶことは、通常はできません。

特別な場での教育を受けたい場合には、就学相談に向けて事前に準備することをおすすめします。医療機関に学校生活のことを相談したり、地域の学校・学級を親子で見学したり、子どもに合った環境をあらかじめ検討しておくと、就学相談のときに家庭の希望を伝えやすくなります。

学齢期には、学校生活や勉強面などの悩みを地域の**教育相談の窓口**に相談することもできます。教育センターや教育相談センター、教育支援センターなどが窓口です。また、各センターでスクールカウンセラーやスクールソーシャルワーカーを紹介してもらえる場合もあります。先ほど紹介した保育所等訪問支援を、学齢期に利用することも可能です。学校や放課後児童クラブに支援者を派遣してもらい、サポートを受けることができます。

■放課後等デイサービス

幼児期の療育として児童発達支援を紹介しましたが、児童発達支援は未就学児向けのサービスです。小学校に入ったあとは支援の名称や枠組みが変わって、**放課後等デイサービス**となります。子どもの特性に配慮した発達支援を行うという点では変わりはありませんが、放課後等デイサービスは学齢期のサービスなので、学校での勉強や集団活動などへの助言・サポートも行われています。

児童発達支援と同様に、事業者によって力を入れているポイントは異なるため、事前に施設や活動内容を見学して、子どもに合うところを選びましょう。この場合も「見学できるかどうか」が重要なポイントになります。親が見学して子どもの活動を確認することが、その子の特性の理解につながるからです。活動内容が不明な施設を利用すると、家庭と施設で対応が異なってしまい、子どもが混乱する可能性もあります。療育機関を探すときは「見学できるかどうか」を一つの目安にしてください。

■就労支援・障害者就労

受給者証を取得していれば、成人期に**就労支援**を受けることができます。さまざまな形の支援がありますが、知的障害・発達障害の人には就労移行支援や就労継続支援などがよく利用されています。

就労移行支援は、働くための知識・スキルの習得や就職活動などへのサポートを受ける仕組みです。福祉サービスとして実施されています。就労継続支援は働く機会そのものを提供してもらう仕組みで、こちらも福祉サービスです。どのような形の就労を目指せばよいか見極めたい場合には就労移行支援を、一般企業への就職が難しいけれども継続的に働きたい場合には就労継続支援を利用するといった形で、使い分けがなされています。

一般企業への就職を希望する場合、障害者手帳を取得していれば**障害者就労**を検討することもできます。日本には障害者雇用率制度があり、企業は一定の割合で障害がある人を雇用することが義務付けられています。その雇用率の対象となるのが障害者就労です。企業の中で障害のある人が働く形態もありますが、企業によっては**特例子会社**という形態の子会社を作って対応することもあります。これは、一定の要件を満たした子会社を作り、そこに障害者手帳を取得している人たちを雇用することによって親会社の障害者雇用率として算定するのです。障害者就労は、障害があることを示したうえで就職する形になるため、特性に対する支援が受けやすく、職場定着しやすい就労形態となります。

■特別児童扶養手当・障害児福祉手当・障害年金・成年後見制度

知的障害や発達障害がある子どものいる保護者は、**特別児童扶養手当**や障害児福祉手当を受給できる場合があります。また、成人期には本人が**障害年金**を受給できる場合があります。これは手帳や受給者証とはまた別の枠組みの制度です。受給する場合には請求手続きが必要となります。特別児童扶養手当や障害児福祉手当、障害年金には、支給要件が設定されています。医療機関や地域の福祉の窓口、年金事務所などで詳細を確認したうえで、必要に応じて手続きを行いましょう。

成人期の支援制度には、他にも**成年後見制度**があります。知的障害などがあり、一人で契約などの重要な判断を行うのが難しい人を支援する制度です。家庭裁判所によって選任された「成年後見人」などが、制度にしたがって知的障害の人を支援します。さまざまな形式があり、本人の状態に合った支援を選ぶことができるので、必要に応じて利用しましょう。地域の福祉の窓口や成年後見センターなどで相談することができます。

知的障害がある人は、重症度によってはコミュニケーションの方法や内容が限られる場合があります。本人が自分の意思を周囲の人にうまく伝えることができず、すれ違いが起きてしまうこともあります。その場合には、周囲の人が本人の考えや気持ちをよく確認し、意思決定をサポートすることも重要になります。そのような考え方を**意思決定支援**と言います。成年後見制度の利用も、意思決定支援の一つの形だと言えます。

■早期に支援を開始すれば、コース全体を利用できる

知的障害や発達障害の支援の仕組みを、乳幼児期から成人期へ、順を追ってざっと紹介しました。この他にも**移動支援**など、さまざまな仕組みがありますので、困りごとがあれば地域の窓口に相談してみてください。

医療機関や療育機関などに早期につながり、困りごとを相談したり、情報提供を受けたりすることで、このような支援の全体像がみえてきます。子どもが利用できる「支援のコース」のようなものがみえてくるということです。

早期に支援を開始すると支援のコースがみえてきて、将来への見通しもある程度は立つ

支援を受けるための相談先一覧

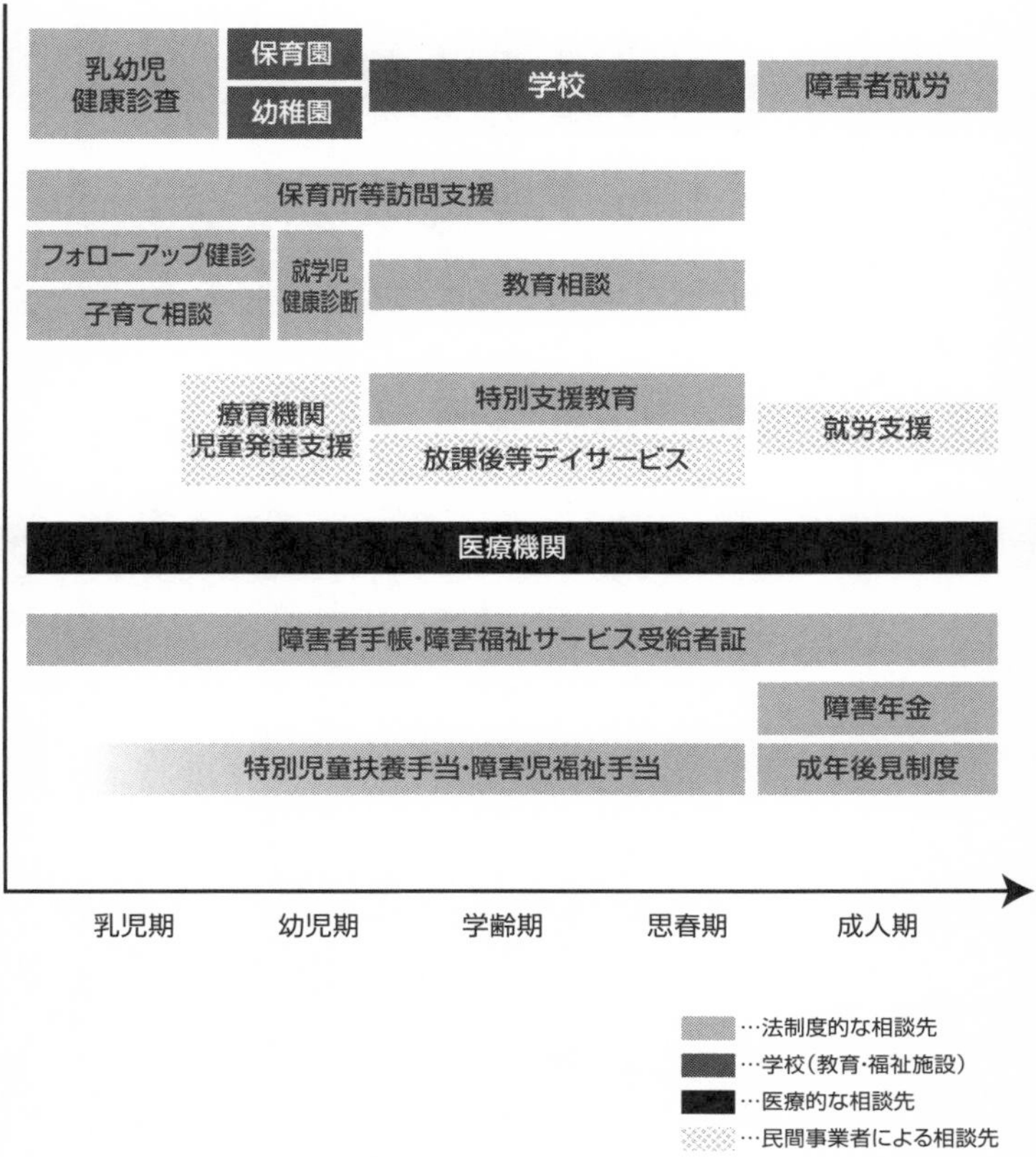
乳幼児
健康診査
保育園
幼稚園
学校
障害者就労
保育所等訪問支援
フォローアップ健診
子育て相談
就学児
健康診断
教育相談
療育機関
児童発達支援
特別支援教育
放課後等デイサービス
就労支援
医療機関
障害者手帳・障害福祉サービス受給者証
障害年金
特別児童扶養手当・障害児福祉手当
成年後見制度
乳児期
幼児期
学齢期
思春期
成人期
…法制度的な相談先
…学校(教育・福祉施設)
…医療的な相談先
…民間事業者による相談先

ようになります。そうすると、その見通しから逆算して、前もって準備をすることもできるようになっていきます。ここまでの説明にもあったように、支援の仕組みを利用するためには手続きが必要となることが多いです。

例えば、小学校で特別支援学級に通う場合には、就学相談をする必要があります。就学相談に診断書や意見書を提出するのであれば、前もって準備する必要が出てきます。就学時から個別の支援を受けるためには、特別支援教育の仕組みを知って、一定の準備をしておいたほうがいいわけです。

乳幼児期から早期支援を受け、いろいろと準備をしながら支援の仕組みを整えていけば、家庭や保育園・幼稚園、学校などで子どもに一貫性のある配慮を行えるようになります。そうすることで、子どもに安心感のある環境を保障することができます。

支援の仕組みには、乳幼児期から利用できるものも多いです。子どもが小さい頃からさまざまな支援をフル活用するのと、ある程度大きくなってから使えるものだけを使うのでは、その子の過ごしやすさは異なります。みなさんには、この章の内容を参考にしながら、ぜひ早期にさまざまな支援を受けてほしいと思います。

第6章

「ゆっくり」な子どもの進路選択

【どんな学校・どんな仕事が合うのか】

知的障害や発達障害の子の生活について相談していると、「どの学校・学級がいいか」という話になることがよくあります。また「将来、どんな仕事が向いているか」ということもよく話題になります。

これまでにも述べてきた通り、基本的な考え方としては子どもの特性を理解し、その子に合ったやり方や環境を整えていくのがいいわけですが、進路を選ぶというのは簡単なことではありません。どの学校・学級が子どもに合っているのか。どんな仕事が合っているのか。子どもが活動しやすい場を探そうとして、いろいろと調べたり考えたりしても、なかなか答えが出ないこともあると思います。

私も絶対的な正解を持っているわけではないのですが、この章では子どもの進路選択を考えるときのポイントをお伝えしていきます。

【学校生活をどう考えるか】

■通常学級か、それとも支援級か

親御さんから「子どもの学校・学級を選ぶとき、どう考えればいいか」と相談されることがしばしばあります。

例えばお子さんに軽度の知的障害があり、就学相談の結果として、教育委員会から「特別支援学級が適当」という通知を受ける場合があります。その場合、支援級を選ぶこともできますが、本人と親の希望として通常学級を選ぶこともできます。そこで「どう選ぶか」という悩みが生じるわけです。

本人や親の希望と支援者の見立てが一致していれば悩まなくて済むのですが、教育委員会が「支援級」と判断しているのに対して、本人や親は通常学級を希望する場合もあります。また、ここで挙げた例とは反対に、本人や親が支援級に通うことを希望しているのに、教育委員会から「通常学級」という判断が出ることもあります。

私はそのような相談を受けたときには、お子さんが「学校に行く目的」を一緒に考えるようにしています。

■通常学級で国語や算数を学ばせたい場合

「支援級でサポートを受けたほうが学びやすい」と考えられる状況で、本人や親が通常学級を希望している場合には、「通常学級に行く目的」が何かを考えます。

例えば、**親御さんが目的としてイメージしているのが「国語・算数・理科・社会をみんなと同じように学ばせたい」ということだとすると、知的障害の場合、それは難しい**という話をせざるを得ません。これまでにも述べてきた通り、知的障害の子は知的機能の発達が平均に比べて「ゆっくり」です。同年代の子どもたちと同じペースで学ばせようとすれば、本人に強い負荷をかけてしまいます。

車椅子に乗っている子に、通常学級の体育の授業で「立って走る50メートル走」を強要することはありません。その子に「あなたも車椅子から降りて、みんなと同じように立ち上がって走ろうよ」とは言わないでしょう。

その子のやり方では参加するのが難しい部分については、子どもと社会の間に障害があると考えて、なんらかの配慮をします。例えば、その子は車椅子に乗って走ることにして、安全かつ適度な運動になるように、運動量を調整してもいいわけです。

そのような配慮が必要なのが、車椅子に乗っている子にとっては体育の授業であり、知的障害の子にとっては国語・算数・理科・社会などの授業だということです。

■通常学級での個別対応には限界がある

知的障害の子が通常学級で学ぶ場合、国語や算数などの授業を同年齢の子と同じペースで理解していくのは難しいわけですから、車椅子に乗っている子の体育の授業と同じように、カリキュラムを個別に調整するべきでしょう。

しかし、通常学級は子どもの人数が多く、先生が子どもたち一人ひとりに個別に対応することには限界があります。知的障害の子は、通常学級では十分な支援を得られない可能性があるということです。その場合には、特別支援学級などに通ったほうが個別の支援が受けやすいということになります。

■通常学級で友達と一緒に過ごしたい場合

「通常学級に行く目的」が勉強面というよりは、友達との関係性ということもあります。例えば、お子さんが保育園や幼稚園で友達と楽しく過ごしていて、「学校でもみんなと一緒にいたい」と言っているという話になることがあります。

その場合、お子さんが楽しく過ごせる場を保障するということで、通常学級を検討するのもいいでしょう。ただし、そのときには**「通常学級で楽しく参加できる活動」「通常学級で十分に学べる活動」「通常学級では学びにくい活動」などを整理する**必要があります。

■学習環境も保障する必要がある

楽しく過ごせる場を保障するのはいいのですが、一方で、知的障害がある場合には国語や算数などをみんなと同じペースで学んでいくのは難しいという点を忘れてはいけません。本人が自分に合ったペースでしっかり学んでいける環境も、保障する必要があるわけです。

特別支援学級に所属して主な授業は支援級で受け、通常学級との交流にも参加するという方法もあります。学べる環境を保障しながら、友達と交流する機会も保障するというやり方です。

■通常学級は約7割の平均的な子ども向け

通常学級では多くの場合、平均的な子どもに合わせて一斉授業が行われています。偏差IQで考えると、平均的な子どもたちというのは全体のおよそ7割です。それ以外の約3割の子どもたちにはフィットしないところも出てきます。そのうちの半分が知的障害や境界知能の子どもたちで、通常学級の学習のペースが速すぎてつらく感じるのです。

また、知的機能には遅れがなくても、発達障害の子は集団行動や対人関係などが苦手で、通常学級の授業や活動に馴染めないことがあります。

■知的障害や発達障害の子は苦労している

ところが、知的障害や発達障害の子は、本人や親が特別な場での支援を希望しても、就学相談で「通常学級が適当」と判断されることもあります。また、境界知能の場合は知的障害に該当しないので、他に発達障害などの障害がなければ通常学級に入ることになります。その結果として授業についていけなかったり、集団行動でテンポがずれてしまったりして、苦労している子どもたちがいるわけです。

そこで大人たちが通常学級の授業を調整するか、または学校・学級選びの幅を広げることができればいいのですが、そのどちらも行われていない場合が多いです。本来は環境をもう少し整えて、例えば境界知能であれば通常学級でも十分に学べるくらいにしたいところですが、実際には「授業のやり方は一切変えません」「みんながんばってね」というスタンスで教室が運営されていることもあります。

■文部科学省は子どもの学業不振に寛容で冷淡

私は学校の授業やテストの仕組みをみていて、文部科学省は子どもの学業不振に対して寛容で冷淡だと感じることがあります。

学校ではさまざまなテストが行われています。テストの目的は、子どもの理解度や習熟度などを確認することでしょう。日常的なテストの点数で成績が決まり、入学試験の点数で合否が判断されます。テストの点数がいい子もいれば、悪い子もいます。子どもの学力にはばらつきが出るわけですが、それは当然だと見做されています。学業不振の子がいても許容される。そういう意味では文部科学省は「寛容」なのです。

テストの点数が悪い子のなかには、たまたま調子が悪かっただけという子もいれば、授業の内容が理解できていないという子もいるでしょう。その子たちには補習が行われたりするわけですが、授業はその後も進んでいき、学校は年度末になると「全員この課程は理解できた」という前提で子どもたちを進級させます。特に義務教育段階ではそうです。

しかし、十分に学習できていない子は、その後の生活で困ることもあるでしょう。当然、不全感を持つ子も出てきます。子どもが失敗を重ね、自信を失い、メンタルヘルスを損ねる恐れがあります。その点については、文部科学省は無関心で「冷淡」なわけです。**「勉強が苦手な子もいる」「それは仕方がない」と寛容に受け入れながら、でも「これ以上は教えませんよ」と冷淡に対応する。わかるように教えてはくれない。**残念ながら義務教育段階では、学業不振にそのような対応がなされることがあるのです。

■知的障害や境界知能の子はついていけなくなる

なぜ学力のばらつきが許容されているのかというと、それによって進路の振り分けができるからという側面があります。学校の授業やテストの仕組みは、そのように組み立てられています。私たちはその実状を理解したうえで、子どもの進路を考えなければいけません。

いまの社会には、授業を理解できない子がいても仕方がないと見做すような実態があります。だから軽度の知的障害や境界知能、学習障害が見過ごされることがあるわけです。本来であれば、勉強が苦手で困っていれば小学校低学年くらいでみつかるはずの特性が、小学校を卒業しても気づかれないことがあります。

軽度知的障害の子は入学直後から、境界知能の子は小3くらいから、通常学級の授業を難しいと感じます。通常学級で学んでいる場合、低学年の頃は本人や親、先生の工夫でテストの点はとれる場合もありますが、学年が上がるにつれて成績も下がってくることが多いです。知的障害があることがわかれば支援級に切り替えることもできますが、境界知能では法制度上、それも希望できません。その結果として学校生活に不全感を持ち、不登校になってしまう子も出ているのです。

■先生一人の努力で対処できることではない

しかしこれを学校の先生方の問題とは言い切れません。現在の教育システムでは、通常学級に平均的な子と知的障害や境界知能の子がいる場合、全員にわかるように教える必要があるわけですが、そのためには「平均的なペースの授業」と「知的障害や境界知能の子に合ったペースの授業」を両立させる必要があります。全員が理解できるやり方にするか、いくつかのやり方を同時に進行するしかない。そんな器用なことを一人の先生ができるのかというと、それは難しいでしょう。

障害のある人もない人も同じ場で学ぶ機会を保障することを「インクルーシブ教育」といいます。**通常学級で本当にインクルーシブ教育を実施するのであれば、標準的なペースで授業を行う先生と、個別のペースで学べる機会を保障するための先生を、子どもたちの状況に応じて適宜配置**するしかありません。それは教育システム全体の課題であって、先生方一人ひとりの努力だけで対処できることではないと思います。

■「ユニバーサルデザイン」を考える

一方で、「ユニバーサルデザイン」という考え方もあります。誰もが活動しやすい環境を設計するという考え方です。

ある学校で、生徒全員のテストの問題文にルビを振ったことがあるそうです。子どもたちのなかには読み書きが苦手な子、日本語を学んでいる最中の子もいます。そういう子は漢字を読むことに時間がかかる場合があります。しかし、例えば理科のテストでは、漢字の読み方を確認する必要はありません。理科の学力がわかればいいわけです。そこで、ルビを振った問題用紙を用意したそうです。ルビが不要な子どものために、ルビなしの問題文もつくっているという話を聞きました。このような工夫がユニバーサルデザインです。

これは、段差のあるところにスロープを設置するのと同じ考え方です。段差があると、身体障害がある子やケガをしている子は移動しにくくなることがあります。スロープを設置することで、誰もが活動しやすい環境を整えているわけです。

全員が校舎に入ることを保障するために、スロープを設置する。全員が理科の学力を十分に発揮することを保障するために、ルビを振る。このような考え方を取り入れると、誰もが学びやすい環境を整えていくことができます。このような工夫は、学校単位でも実施できるのではないでしょうか。

■「合理的配慮」を考える

「合理的配慮」という考え方も重要です。ユニバーサルデザインによって誰もが活動しやすい環境を設計しても、**誰かがなんらかの困難を感じることはあります。そのときには個**

別に配慮をする必要があります。そのような配慮を合理的配慮と言います。

例えば学習障害の子は、テストの問題文にルビが振ってあっても読むのに時間がかかることもあります。その場合には理科の学力を確認するために、別のやり方も検討したほうがいいわけです。読むのが苦手な子は、パソコンやタブレット機器などの音声読み上げ機能を使えば文章の意味を理解しやすくなる場合があります。そのような個別の配慮が必要になる場合もあるということです。

日本では「障害を理由とする差別の解消の推進に関する法律（障害者差別解消法）」と呼ばれる法律で、合理的配慮の提供義務が定められています。合理的配慮は合理的な変更や調整であり、それが均衡を崩すものや過重な負担にはならないこととされています。学校などの事業者には、そのような範囲で個別の配慮を提供する法的な義務があるわけです。

合理的配慮を検討することも、誰もが学びやすい環境を整えていくことにつながります。これも学校単位で実施できることです。教育システムそのものを大きく変えるのは難しくても、学校単位・教室単位で学びやすい環境を整えていくことはできます。

■誰もが学びやすい環境をつくるには

ユニバーサルデザインや合理的配慮といった考え方もふまえて検討していくと、教育というのは本当は、平均的な子に合わせて設計するのではなく、その集団の中で一番苦手な子に合わせて基本的なカリキュラムをつくったほうがいいのではないかと思います。

一番苦手な子がしっかり学んでいける形をまず整えて、余力がある子はもっと学べるようにする。そうすれば発達の遅れがある子もない子も、みんながその場の学習にそれぞれのやり方やペースで参加できます。

実際に、その形に近い授業を行っている学校もあります。決してできないことではないのですが、そのためには「同じ場所でありながら、さまざまな活動ができる」という環境設定が必要です。先生一人ひとりの努力だけでできることには限界があり、多くの人が協力して、学校全体で取り組む必要があります。さらに言えば、本来は国としての取り組みが必要なのではないでしょうか。

【進路を自分で決める】

■「自立」って、なんだろうか?

学校に行く目的をよく考えたうえで、子どもに合った学校・学級を選ぶことが大切なわけですが、進路を選択するというのは難しいものです。しかし何かを選ぶ・何かを決めるということは、子どもの人生においてとても重要なことでもあります。自分で判断ができる・決定ができるということが、自立につながっていきます。

私はよく「自立ってなんだろうか」と考えるのですが、**自立というのは「できることを自分で判断して実践し、できないと思って困ったときには誰かに援助を求めること」**なのではないかと思っています。

この話は知的障害や発達障害がある子にも、障害がない子どもにも共通して言えることです。知的障害の程度が重い子どもでも、この2つは身につきます。反対に知的機能がとても高い場合でも、この2つを身につけ損ねたまま年を重ねて、社会参加がうまくできなくなってしまうこともあります。

■大事なのは「自己決定力」と「相談力」

私は「できることを自分で判断して実践する力」を「自己決定力」、「困ったときに誰かに援助を求める力」を「相談力」と呼んでいます。

以前には同じような意味合いで「自律スキル」と「ソーシャルスキル」という言葉も使っていましたが、最近はもっと整理して絞り込んで「自己決定力と相談力を身につけることが大事」という話をお伝えしています。自己決定力と相談力をどうやって育てるか。これが障害のある子にも障害のない子にも、あらゆる年齢帯で重要になります。

■進路選択が決定・相談のいい機会に

自己決定力と相談力を育てるためには、子どもが「自分で選べるんだ」「自由に決定できるんだ」そして「悩んだときは人に相談すればいいんだ」と感じられる環境を保障する必要があります。

進路選択はそのためのいい機会になります。進路選択というのは、複数の環境のなかから自分が行きたい場所を選ぶ機会です。それは迷いや悩みにもつながるものですが、自己決定や相談を経験するチャンスでもあるわけです。

例えば「通常学級か、それとも特別支援学級か」という選択肢が出てきたときに、親や先生がどちらがいいと決めつけるのではなくて、子どもと相談しながら、その子自身が一番楽しめそうな環境・一番学べると思える環境を選んでいくことをサポートできれば、自己決定と相談のいい経験になります。

■何歳でも決定・相談は経験できる

もちろん、子どもの年齢や特性によっては、進路について複雑な相談をするのは難しい場合もあります。

例えば小学校入学の段階では、子どもが自分の気持ちを言葉でうまく説明できないこともあるでしょう。しかしその場合も、本人はさまざまな形で意思表示をしています。

学校や学級を検討する時期には、学校を見学することがあります。子どもが何かの活動を体験してみることもあります。そのとき、子どもは「これはやりたい」「これはやりたくない」といったことを、その子なりの言葉や態度、行動、表情などで示すものです。

そのような意思表示を大人が読み取りながら、本人の希望を確認していくというのも、子どもの「決定」や「相談」の経験につながります。第5章で「意思決定支援」という考え方を紹介しましたが、言葉でうまく説明できない子の進路選択をサポートするのも、意思決定支援の一つの形だと言っていいでしょう。

■子どもは「理解」してくれる相手を信用する

私は、子どもと相談するときに重要になるのは「理解」と「合意」だと考えています。まずは「理解」から説明しましょう。

子どもは基本的に「この人は、自分の気持ちをわかってくれている」と思える相手を信用します。「理解」が重要なのです。本人が意見や希望を言ったときに、その主張が通るかどうかはともかく、まずは「なるほど」「そうなんだね」と受け止めることが大切です。

大人が子どもの気持ちを受け止め、その子が「わかってもらえた」と感じたのなら、その後のコミュニケーションはスムーズに進みます。その際、感情をわかってほしいタイプの子もいれば、論理をわかってほしいタイプの子もいます。**自閉スペクトラムの特性が強い子は、自分の論理に理解を示してくれる相手を信用することが多い**です。

■親子の「合意」形成も重要な経験に

相談でもう一つ重要となるキーワードが「合意」です。

発達障害、特に自閉スペクトラムの支援の考え方に「視覚的構造化」というものがあります。これは簡単に言うと視覚情報を活用して、ものごとがわかりやすくなるような枠組みを示すということです。

例えばこれからやることを相談するときに、**話し言葉だけでやりとりをするのではなく、写真や絵なども見ながら話したほうが、内容を理解しやすくなります。そのような工夫を「視覚的構造化」**と言います。

視覚的構造化を取り入れると、子どもが情報を理解しやすくなります。しかしそれだけではなく、視覚的構造化によって親子で合意を形成できます。

視覚情報を活用すると、子どもに十分な情報が届きやすくなります。子どもは十分な情報があれば同意するか拒否するかを自分で判断しやすくなります。それはつまり、子どもが自分で考えて、自己決定する機会が保障されるということです。

子どもと大人が情報交換し、お互いの意思を確認して「合意」形成することも、自己決定力と相談力を身につけるうえでとても重要な経験になります。

■視覚情報を使うのは、合意形成のため

親御さんや学校の先生方から「視覚的構造化がうまくいかない」という相談を受けることがあります。くわしく聞いてみると「写真や絵を見せても、子どもに指示が伝わらない」という話になったりします。なかには「視覚情報を使って工夫しても、結局言うことを聞きません」とおっしゃる方もいます。

これは実は誤解です。視覚的構造化というのは、子どもに指示をするための考え方ではありません。先ほども述べた通り、合意形成をすることを見据えた考え方です。ものごとを視覚的にわかりやすく示すのは、コミュニケーションをとるためです。**視覚的構造化は、指示や命令ではなく、お互いの合意形成のために行うもの**なのです。だからこそ、本人の自己決定力や相談力を育てることにつながっていくわけです。

写真や絵などを使っても子どもに情報が伝わらない場合には、伝え方を変えたほうがいいかもしれません。情報が伝わっていて子どもが嫌がっている場合には、その意思を受け止めて、どうするかを相談したほうがいいでしょう。

子どもに絵カードを提示して合意形成する例

■合意が得られなければ、別の選択肢を相談する

たとえ視覚情報を活用していたとしても、子どもが嫌がっていることを無理やりやらせようとしたら、その子の自己決定を保障しないことになります。「相談には応じない」「有無を言わさずやらせる」という態度がみえてしまいます。それでは子どもの自己決定力や相談力は育ちません。

これは視覚的構造化を使わない相談でもまったく同じです。口頭で子どもに何かを伝えるときにも、命令して従わせようとする態度では、その子の成長の芽をつぶす方向に働いてしまいます。子どもはその場では指示に従い、なんらかの行動をとるかもしれません。しかし長い目でみたときには、自分で判断する力や行動する力、人に相談する力は身についていかないでしょう。

自己決定力や相談力を育てるためには、大人が提案したことに対して、子どもが同意や拒否をする自由が保障されなければいけません。そして子どもが拒否したときには、別の選択肢を相談するプロセスが必要になります。視覚的構造化というのは、そこまでを見据えて実践することなのです。

■知的障害の子の自己決定・相談

先ほども述べましたが、知的障害の程度がどれほど重い子でも、相談と自己決定をすることはできます。2つの力を身につけていけます。

私が**自己決定力と相談力が重要だと言っているのは、この2つの力はきちんと教えれば、すべての子どもがその子なりのやり方で身につけていける**からです。**自己決定というのは「やりたいことをやる・やろうとする」**ということです。それはまだ言葉が話せない子にも、言葉やコミュニケーションの発達に遅れがある子にもできることです。その子なりのやり方で意思を表明することはできます。

そして「やりたくないときにやらない・嫌がる」という意思表示を通じて、相談をすることもできます。子どもが「やりたがっているか」「嫌がっているか」を周囲の人が理解できれば、コミュニケーションは取れるのです。

親や先生が視覚情報なども使いながら「これをやってみようか」と誘ったときに、本人がやりたがるか、それとも嫌がるか。嫌がった場合にはどう対応するか。このやりとりを丁寧に積み重ねていくことが、自己決定力や相談力を育てることにつながっていきます。

■自己決定と相談は「表と裏」の関係にある

そういう意味で、自己決定と相談というのは「表と裏」の関係にあるものだと言えます。知的障害が重くなればなるほど、表と裏の関係は濃くなります。

知的機能が高い人は、複雑なことも相談できます。その場合、相談した内容と自己決定の間にはさまざまな要素が含まれます。相談と決定との間には距離があるわけです。

一方で、知的機能の発達に遅れがある人は、複雑なことは相談できない場合もあります。相談と決定が一体となったような形で、表と裏の関係になることもあるのです。

繰り返しになりますが、**知的障害の程度がどれほど重い子でも、相談と自己決定をすることはできます。**ただ、やり方が他の人とは違うというだけです。そのやり方を周囲の人が理解し、対応することができれば、子どもの自己決定力と相談力は育っていきます。そうすることによって、その子の自立をサポートできるわけです。

■2つの力が社会参加につながっていく

障害がある場合でも、ない場合でも、自己決定や相談を十分に経験しないで過ごしてきた人は、自分の生活や環境、活動に納得できなくなることがあります。その結果として、不登校やひきこもりの状態になってしまう人もいます。

子どもの自己決定と相談を保障することは、その子の自立をサポートするうえで極めて重要なことなのです。自己決定力と相談力を身につけることが、社会参加につながっていきます。進路選択の場面では、そのような意識を持つことが大切です。

【仕事をどう考えるか】

■仕事も学校・学級選びと基本的に同じ

仕事の考え方も学校・学級選びと基本的に同じです。「どんな仕事が向いているか」ということを大人が決めつけたり押しつけたりしないで、子どもと相談しながら自己決定をサポートしていきましょう。

知的障害や発達障害の子は、情報をバランスよく取得するのが苦手な場合もあります。親や先生から進路情報を提供するのはいいと思います。ただし、あくまでも情報提供です。「こういう会社・こういう仕事がいい」とそそのかすようなことは控えましょう。情報をわかりやすく示し、相談するのはいいのですが、決定は大人がすることではありません。どうするかを決めるのは本人です。

■思春期以降は自己決定がより重要に

思春期以降は、本人がやりたいと思うことがある場合は、犯罪行為や危険を伴う行為でなければ、基本的にはやってみたほうがいいと思います。

なぜかというと、実際にやってみることによって本人が納得できるからです。やってみてうまくいっても、うまくいかなくても、それが自己決定した結果です。自己決定の機会が十分に保障されていれば、人は自分の行動の結果に納得できるものです。

本人がやりたいと思ったことをやってみる。その結果、本人が次にどうするかを考えることに、大人は丁寧につき合っていく。思春期以降の支援はそのような形になっていきます。私はその形を「**支援つき試行錯誤**」と呼んでいます。

思春期以降は、本人の自己決定や試行錯誤がそれまで以上に重要になります。基本的には本人が自分で決めて自分で行動します。しかし一人で何もかもをやるのは難しい場合もあるので、親や先生が情報提供や相談といった形で手を貸します。

■本人が試行錯誤しているときは助言を控える

本人が苦労している姿をみると、大人としてアドバイスをしたくなることがあるかもしれません。しかし思春期以降は、本人が試行錯誤しているときには助言を控えるのが鉄則です。情報提供や相談を通じて子どもの考えの整理を手伝うのはいいのですが、「これにしなさい」「あれはいけません」などと決断について助言をするのはやめましょう。

思春期以降は、親がどんなによかれと思って言ったことでも、結果としては逆効果になることが多いです。人から言われたことは、自己決定にはならないからです。あとになって本人が納得できなくなる可能性があります。「あのとき、どうしてあんなことを言ったんだ」という話になってしまうことがあるのです。

本人がやりたがることには、失敗するのが目にみえているようなこともあるでしょう。しかし将来を憂いて助言をしたりやめさせたりすると、自己決定の機会を奪ってしまう可能性があります。**助言は控えましょう。**そして**予想通りに失敗しても、絶対に本人を責めないでください。**本人が落ち込んでしまうこともあると思いますが、そのような浮き沈みを支えながら、本人が試行錯誤を続けていけるように援助するのが大人の役割です。

■中学卒業後の進路をどうするか

子どもが中学を卒業するタイミングで、将来の仕事をふまえてどのような学校に進学するのかを検討することがあります。

例えば軽度の知的障害があり、中学まで特別支援学級に通ってきた子の場合、進学の選択肢がいくつか考えられます。

・一般の高校

一般の高校に進学するのも選択肢の一つです。ただし、高校では通級指導教室などの仕組みが十分には整備されていない場合もあり、個別の支援を受けにくくなる可能性もあります。また、一般の高校に進学した場合、卒業後の進路としては進学や一般就労などを検討することが多く、障害者就労を検討する場合には卒業後に改めて就労移行支援などのサービスを受けることになる場合が多いです。

・特別支援学校の高等部

高校の段階から特別支援学校に進学するという選択肢もあります。この場合、支援級よりも個別の支援を受けやすくなる可能性が高いです。「自立活動」という形で生活全般の課題に取り組めたり、就労に向けた学習や実習などを経験できたりします。

就労については、障害者就労（特例子会社を含む）や就労継続支援などの福祉的就労を検討することが多いかもしれません。学校によってはいくつかのコースを設けているところもあります。障害者就労を含めた一般企業への就労を目指すコース、福祉的就労を目指すコースなどがあり、本人の希望や状態に応じて就労の準備ができる場合もあります。

・高等特別支援学校

特別支援学校の高等部とは別に「高等特別支援学校」を設置している地域もあります。これも選択肢になります。特別支援学校には小学部や中学部などがありますが、高等特別支援学校は高等部のみです。

高等特別支援学校は、就労につながるような学習を中心とする学校です。福祉的就労というよりは、一般企業への就労を目指す人が通うことが多いです。一般企業への障害者就労などを見据えて、学習を進めていくイメージになります。

・その他

近年では、私立の通信制高校やサポート校などで、軽度知的障害、境界知能、発達障害の生徒を受け入れる学校が増えてきました。地域によっては、小中学校で学力不振だった生徒の基礎からの学び直しを謳った特殊な公立高校（例えば東京都の「エンカレッジスクール」など）を設置しているところもあります。これらの学校を選ぶ場合の卒業後の進路は、通常の高校に準じる形となります。

このような選択肢を情報として子どもに示しながら、本人の意思決定をサポートしていくこともあるわけです。

■支援を受けた人は落ち着いている（ことが多い）

進路選択に正解はありませんが、私の実感としては、知的障害や発達障害の子は、中学卒業後に特別支援学校や高等特別支援学校で学習して、一般企業への障害者就労や福祉的就労をした場合には、その後、落ち着いて生活できていることが多いように感じます。

私がみている方のなかには、そういうコースに進んで就労した方が何人もいらっしゃいます。その方々は療育手帳を取得していたり、障害年金を受け取っていたりするので、数年に一度、更新手続きのために診察にいらっしゃいます。しかし診察といっても「元気です」という近況をお聞きして、引き続き支援が必要だということを確認し、診断書を渡すような形で終わります。薬を処方するなどの狭い意味での医療的な対応は不要である方が多いです。**適切な支援を受けながら自分で進路を決定し、自分に合った生活や環境を整えた方は、成人期にそれぐらい落ち着いて過ごせる**のです。

■支援を受けるのを嫌がる人もいる

私はそのような見通しを、お子さん本人や親御さんにお伝えしています。例えば「特別支援学校の高等部では、自立活動や就労の実習などを経験できます。将来なんらかの仕事に通いながら、身のまわりのことを自分でやるような生活を考えているのであれば、そのための準備がしやすいです」というようなことをお話しします。

支援を受けながら仕事の実習ができるというのは、特別支援学校や高等特別支援学校の強みです。業務を実際に経験してみることによって、相性のいい仕事を実践的に探すことができます。向いている作業がなかなかイメージできなかった人が、調理場の実習に参加してみたらぴったり合って、希望職種を絞り込むことができたという例もあります。就労支援を受けられる学校を選ぶと、そのような形で将来の見通しが立つこともあるのです。

ただ、それは一つの見通しであって、進路をどう考えるのかは本人次第です。私は将来の見通しを「これが正解」というような言い方で伝えないように留意しています。

本人が特別支援学校への進学を嫌がる場合もあります。それも一つの自己決定です。「いままで一般の学校に通ってきたから、高校も一般の学校を選びたい」「ふつうの授業を受けて、青春を楽しみたい」といった話になることもあります。その場合には本人の気持ちを受け止めて、その人が十分に学べる学校を探し、進学を検討するのもいいと思います。

■「もう少し学校に通いたかった」と打ち明ける人も……

自己決定・相談という観点で考えると、指示を強要するのはよくないわけですが、特定の支援を強要するのもいいことではありません。

実際に、特別支援学校の高等部で支援を受けて就労した人のなかには、**働き始めてから「もう少し学校に通いたかった」と打ち明ける人も**います。同年代の人たちはまだ大学生活を楽しんでいて、遊んだりできるのに、どうして自分は高校を出てすぐに働かなければいけないのだろうかと感じて、後悔する人もいるのです。

私が支援をした方のなかにも、そういう話をされた方がいらっしゃいます。私はその話を聞いて反省しました。**個別に支援を受けて、適職についたようにみえても、それが本当の意味で自己決定になっていなければ、あとで納得できなくなる可能性**があるのです。

私は過去の反省から、**支援の話をするときにも本人の自己決定をしっかり意識するように心がけています。**みなさんも支援の重要性を頭に置きながらも、それを押しつけないことを意識して、相談に臨んでいただければと思います。

【社会生活をどう考えるか】

■社会の差別や偏見をどう考えるか

知的障害や発達障害を理解すること、子どもが自己決定・相談できるように支援することを続けていけば、基本的には大きなトラブルは起こりません。しかし、それは理解ある環境のなかでの話です。

社会でさまざまな活動に参加していくと、無理解な環境に出くわしてしまい、そこで知的障害や発達障害の特性が差別や偏見にさらされることがあります。最後に、そのような差別や偏見をどう考えるかをお伝えします。

■社会には「助け合い」がある

知的障害や発達障害の子を育てている親御さんたちが、お互いに助け合うネットワークをつくっていることがあります。例えば「親の会」という形で、子育てや学校生活、就労などの情報交換をするグループをつくっている方々がいらっしゃいます。

お子さんを支援することの必要性をわかっている人同士だからこそ、その支援を広げようとして、みなさんで協力していることがあるのです。地域の情報を交換したり、困ったときにお互いの子の面倒をみたりして、支え合いをしています。

社会には、「助け合い」の部分があるわけです。そのようなネットワークに加わることができれば、**子どもを世間の冷たい目から守り、理解のある人たちのなかで育てていく**ことがやりやすくなります。

■**社会には「競争」もある**

一方で、**お子さん本人や親御さんが、そういうネットワークに入りたくない**と感じることもあります。「自分はあの人たちとは違う」と言ったりして、境界線を引くような考え方をすることがあるのです。

もちろん、実際にお子さんのタイプが違っていて、情報を共有しにくいという場合もあるでしょう。しかし、なかには競争や序列のような意識が出て、優劣を気にしてしまう場合もあります。「自分のほうが能力が高い」あるいは「低い」ということが気になって、助け合いのネットワークに入りにくくなってしまうこともあるわけです。

競争意識というのは成長や向上心につながることもありますが、自分と他者を区別する意識になることもあります。そのような「区別」への意識が、差別や偏見につながってしまうこともあり得ます。社会にはそのような「競争」の部分もあるわけです。

■助け合いと競争のバランスをみる

社会には「お互いに助け合いましょう」という部分と「競争してお互いに成長していきましょう」という部分があります。これはどちらも必要なものです。社会の進歩のためには、適度な競争が必要です。しかし誰かを排除するような争いにしないために、助け合うことも必要なのです。

社会参加を考えるときには、この2つのバランスをみることが大切です。**自分にとって適度な競争ができて、かつ、適度に助け合いもあるようなコミュニティ**を探すことが、社会参加の重要なポイントになります。

■バランスのいいコミュニティを探す

「勉強や仕事などで競争もするけれど、それ以外の部分ではお互いに助け合いましょう」ということを両立するのは、不可能ではありません。

例えば、何かの大会に出場する人たちは、それぞれに優勝を目指しながら、ときには一緒に練習をするようなこともあります。便利な道具や施設などの情報を交換している場合もあるでしょう。大会以外の場面では、協力していたりもするわけです。

そういうコミュニティを見つけて参加することができたら、健全に競争しながら成長していくチャンスを得られるかもしれません。社会にはさまざまな集団がありますが、そのなかから自分にとってバランスのいいコミュニティを探すことが大切です。

■通常学級にも支援級にも競争はある

第4章で、軽度知的障害や境界知能の子が通常学級だけに通っていて、個別の支援を受けていない場合には「みんなのうしろから、必死に追いついていくような形になりがち」だとお伝えしました。そのような環境では、健全な競争をすることは難しいでしょう。

親御さんや学校の先生方のなかには**「特別支援学級など少人数で学ぶよりも、通常学級**

でみんなと一緒に学んだほうがいい刺激を受けるのでは」と言う人もいます。しかし**支援級にも通級にも競争はあります。少人数でもいい刺激を受けることはできます。大事なのは、子どもにとってほどよい競争と助け合いがある環境を探すこと**です。

通常学級でも、勉強が苦手な子をサポートするような工夫が行われていて、軽度知的障害や境界知能の子がしっかり学んでいける場合もあります。しかし受験勉強などで競争が激しくなり、あとから追いついてくる人を蹴落とそうとするような厳しい環境になってしまう場合もあります。

■自分がマジョリティとなる場所を選ぶ

私は、お子さんにとって相性のいいコミュニティ、競争と助け合いができる相手をなるべく多くつくっていくことが大切だと考えています。学校や職場の他にも、趣味の集まりなどでも自分らしく活動できる居場所をつくることはできます。

自分がマイノリティとして置いていかれてしまうような場所ではなく、自分がマジョリティとして健全に競い合い、助け合うことができる場所をつくっていく。そういう場所をなるべく多くつくり、そういう仲間と過ごす時間を増やしていく。そうすることによって、安心感や達成感を得やすい生活が整っていきます。それは差別や偏見を避けることにもつながっていくでしょう。

■子どもが自分で選んで進んでいく

学校や学級を選ぶときにも、仕事を考えるときにも、社会のさまざまなコミュニティに参加するときにも、子どもが活動しやすい環境を探すことがポイントになります。それを大人が主体となって決めていくのではなく、子ども本人が自分で決めることが重要です。

大人と相談して、大人の支援も受けながら、**何をやりたいのかは自分で決める。自分が活動しやすい場所を自分で選んで、進んでいく。**そういう経験を積み重ねていくことで、子どもは自己決定力と相談力を身につけ、本当の意味で自立していきます。進路選択はそのためのいい機会になります。

相談や決定、試行錯誤を繰り返し経験した子どもは、自分でできること、自分一人ではうまくできないことを理解して、何もかもを一人でやろうとはせず、まわりの人に相談したり頼ったりしながら、安定的に生活していけるようになります。

■大人は子どもの自立を支援していく

この本の冒頭にも書きましたが、私は知的障害のある方が大人になって、落ち着いて暮らしている様子をたくさんみてきました。その方々は早期支援を受け、相談や自己決定のできる成人になられました。

第1章で、親御さんから「この子のために、いまのうちにやっておけることはないでしょうか」と相談されるという話をしました。

知的障害や発達障害の子に関わる大人がいますぐにできることは、**「早く」気づいて支援を受け始めて、お子さんの「ゆっくり」ペースを理解して育てていくこと**です。それによってお子さんもまわりの大人たちも、安心して生活できるようになります。

この**「安心できる環境」が、お子さんの発達、ひいては将来の基盤**となります。安心できる環境で、自分らしいやり方で活動できれば、発達障害の子も知的障害の子も境界知能の子も、その子なりのペースでしっかり成長していきます。

家庭が「安心できる環境」であることも大事ですが、学校や地域社会など、家庭の外にもお子さんが安心して活動できる場所をつくっていきましょう。お子さんが自分らしいやり方で競争し、助け合える環境を、お子さんと一緒に探してみてください。

第2章で、知的障害や発達障害の特性は「自然経過では悪化しない」と書きました。自然に悪くなることはないけれど、相性の悪い環境にいると「情緒が不安定になる」ことはあるという話をしました。**お子さんにとって相性のいいコミュニティを探すのは、とても重要なこと**です。それによって二次障害を未然に防ぐことができます。

相性のいい環境を探すためには、本人がどう感じているのかをよく確認する必要があります。どこで何をしたいのか、一番よく知っているのは本人です。**大人はお子さんの相談に乗り、本人の自己決定を支援**してもらえればと思います。それがお子さんの本当の意味での自立につながっていきます。

おわりに

これまで私は、発達障害についていろいろな本を執筆・監修してきました。単著の初著作は、2013年に刊行した『自閉症スペクトラム』（SB新書）で、以降、発達障害について解説する本を監修や共著を含め、20冊あまり刊行してまいりました。

2013年と比較すると、いまでは、発達障害への認知度がとても高まってきているのを感じます。一方で、知的障害については、発達障害のように次々と本が出版されたりインターネットの情報が更新されたりはしていません。

そのため、今回は知的障害について解説する本を上梓しました。

私が精神科の研修を始めた1988年当時、子どもの発達の異常といえば知的障害というのがほとんどの精神科医の認識でした。私が1991年から勤務していた横浜市総合リハビリテーションセンターは、当時、センター内にある知的障害児通園施設に通う子を中心に知的障害の子どもたちの診療をするために、常勤医として精神科医を配置していました。1990年代から2000年代前半にかけて、私が担当していた子どもたちの過半数は知的障害がありました。

一方、私たちは横浜市の臨床の現場で、当時は注目されていなかった知的障害を伴わない発達障害の子どもたちが、実は決して珍しくないことに気づきました。そのことを強調して発信しているうちに、いまでは発達障害の人の数のほうが圧倒的に多いことが広く知られるようになりました。逆に、**発達障害ばかりが注目され、近年では知的障害が見逃されること**も目につくようになりました。また、境界知能の子どもたちの生きづらさにも、もっと関心が寄せられる必要があると思われます。

私は、知的障害と発達障害のことを多くの方に知ってもらうのは、とても重要なことだと考えています。

例えば、令和4年度の文部科学省の調査（通常の学級に在籍する特別な教育的支援を必要とする児童生徒に関する調査）では、**小・中学校の通常学級に特別な配慮を要すると思われる**

お子さんが8・8％いるという報告がなされました。発達障害の特性があるお子さんが多く含まれていると考えられますが、そのなかには軽度知的障害や境界知能に該当するお子さんもいて、見逃されている可能性があります。

さらに知的障害のある子どもたちが在籍している**特別支援学級や特別支援学校も合わせれば、知的障害や発達障害がある子どもの割合は、義務教育期間中の子ども全体の1割以上である**と考えられるのです。

みなさんには、配慮の必要な子どもがそれだけたくさんいること、そのなかには「ゆっくり」育つお子さんがいるのだということを、知っておいていただければと思います。

1990年代まで、発達の異常はイコール知的障害であり、ごく一部の人にしか関係のないことだと思われていました。2010年代以降は知的障害のない発達障害に注目が集まり、2020年代に入ると「発達の異常といえば発達障害」と多くの人が思うようになっています。しかし、いまあらためて発達の遅れに再度注目する必要があると思います。

お子さんの発達に気になるところがあるとき、それに「早く」気づくことはとても重要です。そして、その気になることについて**発達障害の可能性とあわせて知的障害の可能性**

についても検討する必要があるのです。知的障害や境界知能の子どもたちは、「ゆっくり」育てていくことが何より大切です。

まずは本書によって、知的障害と発達障害への理解を深めていただければ幸いです。どちらかだけに注目するのではなく、**知的障害と発達障害を縦軸と横軸の2つの軸に据えて子どもを理解し、育て方の工夫**をしていく必要があります。

「早く」に気づいて、「ゆっくり」育てていく。このことの大切さを少しでも多くの方におわかりいただければ、著者としてこんなにうれしいことはありません。

2024年2月

本田秀夫

著者略歴

本田秀夫（ほんだ・ひでお）

◎信州大学医学部子どものこころの発達医学教室教授・同附属病院子どものこころ診療部部長。長野県発達障がい情報・支援センターセンター長。特定非営利活動法人ネスト・ジャパン代表理事。
◎精神科医。医学博士。1988年、東京大学医学部医学科を卒業。東京大学医学部附属病院、国立精神・神経センター武蔵病院を経て、1991年から横浜市総合リハビリテーションセンターで20年にわたり発達障害の臨床と研究に従事。2011年、山梨県立こころの発達総合支援センターの初代所長に就任。2014年、信州大学医学部附属病院子どものこころ診療部部長。2018年より信州大学医学部子どものこころの発達医学教室教授。2023年より長野県発達障がい情報・支援センターセンター長。発達障害に関する学術論文多数。日本自閉症スペクトラム学会会長、日本児童青年精神医学会理事、日本自閉症協会理事。
◎著書に『自閉症スペクトラム』『発達障害 生きづらさを抱える少数派の「種族」たち』『子どもの発達障害』『学校の中の発達障害』（以上、SB新書）などがある。

SB新書　648

知《ち》的《てき》障害《しょうがい》と発達《はったつ》障害《しょうがい》の子《こ》どもたち

2024年3月15日　初版第1刷発行
2024年9月30日　初版第4刷発行

著　者　本田秀夫《ほんだひでお》
発行者　出井貴完
発行所　SBクリエイティブ株式会社
〒105-0001 東京都港区虎ノ門2-2-1
装　幀　杉山健太郎
イラスト　村山宇希
編集協力　石川 智
図作成　RISTA DESIGN
DTP　アーティザンカンパニー株式会社
編　集　中本智子（SBクリエイティブ）
印刷・製本　中央精版印刷株式会社

本書をお読みになったご意見・ご感想を下記URL、
または左記QRコードよりお寄せください。
https://isbn2.sbcr.jp/21636/

落丁本、乱丁本は小社営業部にてお取り替えいたします。定価はカバーに記載されております。
本書の内容に関するご質問等は、小社学芸書籍編集部まで必ず書面にて
ご連絡いただきますようお願いいたします。

ISBN 978-4-8156-2163-6